STEFAN HAENNI

Scherbenhaufen

DER ZERBROCHENE KRUG Im Schlossmuseum Thun geht bei einem Handgemenge ein kostbarer Tonkrug zu Bruch. Der junge Heimberger Töpfer Niklaus Weihermann wird beschuldigt, doch er weist jegliche Schuld von sich. Seine Freundin Eva, die in ihrer Freizeit als Aufsicht im Schloss arbeitet und ihn entlasten könnte, will sich angeblich an nichts mehr erinnern und schweigt beharrlich. Auch die Aufzeichnungen der Überwachungskameras sind unauffindbar.

Privatdetektiv Hanspeter Feller bemüht sich um die Aufklärung des Falls und entlarvt den Richter Adam Füssli als Täter. Doch Füssli ist zu diesem Zeitpunkt bereits tot am Ufer der Kleist-Insel geborgen worden. Die Ermittlungen führen Feller weit zurück in die Vergangenheit und zu einem grauenvollen Verbrechen, das nie gesühnt wurde …

Dr. Stefan Haenni, geboren 1958, studierte Kunstgeschichte, Psychologie und Pädagogik. Er arbeitet an einem Thuner Gymnasium als Lehrer für Bildnerisches Gestalten. Sein malerisches Werk präsentiert er in regelmäßigen Ausstellungen. »Scherbenhaufen« ist sein dritter Kriminalroman um den Thuner Detektiv Feller.

Bisherige Veröffentlichungen im Gmeiner-Verlag:
Brahmsrösi (2010)
Narrentod (2009)

STEFAN HAENNI

Scherbenhaufen

Fellers dritter Fall

GMEINER *Original*

Personen und Handlung sind frei erfunden.
Ähnlichkeiten mit lebenden oder toten Personen
sind rein zufällig und nicht beabsichtigt.

Besuchen Sie uns im Internet:
www.gmeiner-verlag.de

Im Ehnried 5, 88605 Meßkirch
Telefon 07575/2095-0
info@gmeiner-verlag.de

1. Auflage 2011

Lektorat: Claudia Senghaas, Kirchardt
Herstellung / Korrekturen: Christoph Neubert / Katja Ernst
Umschlaggestaltung: U.O.R.G. Lutz Eberle, Stuttgart
unter Verwendung eines Fotos von Denis Pepin / Fotolia.com
Druck: Fuldaer Verlagsanstalt, Fulda
Printed in Germany
ISBN 978-3-8392-1193-9

Zum 200. Todestag des Dichters Heinrich von Kleist

Jetzt leb' ich auf einer Insel in der Aare, am Ausfluss des Thunersees, recht eingeschlossen von Alpen, eine Viertelmeile von der Stadt.

Heinrich von Kleist,
Mai 1802 an seine Schwester Ulrike.

1

Es muss so um 7 Uhr morgens gewesen sein.

Beißender Rauchgestank verirrte sich bis in den weihnachtlich geschmückten Dorfkern von Gstaad im Berner Oberland. Den winterlich vermummten Nachtschwärmern auf den verschneiten Trottoirs verrauchte die Partylaune augenblicklich. Manch einer zwischen der Pianobar Chesery und Rosie's Suite at Hush machte sich Sorgen um Hab und Gut. Woher stammte dieser Qualm? Welcher Pechvogel verlor sein Feriennest? Wo wurden goldene Eier gebraten?

Eine Viertelstunde später raste der komplette Löschzug Richtung Oberbort. Das gab zu reden. Der angepeilte Südhang oberhalb des Palace Hotels gilt als Wohnsitz der Reichen und Schönen. Spekulationen machten die Runde. Wilde Gerüchte mischten sich in den Geruch von verkohltem Holz, geschmolzenem Kunststoff und verbranntem Fleisch. Löste sich Roman Polanskis Chalet in Rauch auf? Hatte Gunter Sachs' Liebesnest Feuer gefangen? Verbrachte Johnny Hallyday eine unholy night?

Bereits im Verlauf desselben Tages wurde es im Saanenland zur Gewissheit, dass es sich beim Eigentümer der betroffenen Liegenschaft nicht um eine internationale Berühmtheit, sondern um Adam Füssli handelte, einen umstrittenen Thuner Amtsrichter. Niemand mochte nämlich so recht daran glauben, dass sein reguläres Salär auch nur annähernd zum Erwerb einer überteuerten Immobilie an der Alpinamatte-Straße ausgereicht hätte.

»Seit der Adam seine Eva gefunden hat, lebt er auf großem Füssli«, wurde hinter seinem Rücken gespottet.

Den ungewöhnlichen Geldsegen verdankte er tatsächlich seiner ersten Ehefrau, der geschiedenen Gattin eines germanischen Fußballgottes und dem traurigen Umstand, dass diese nur wenige Monate nach der Hochzeit mit einem Strick um den Hals im Bremgartenwald bei Bern aufgefunden worden war.

Vorübergehend geriet Adam Füssli unter Verdacht. Es konnte ihm aber nichts nachgewiesen werden. Einmal mehr galt sowohl für ihn als auch für die unbekannte Täterschaft der Leitspruch, nicht gefangen, nicht gehangen. In der Bevölkerung hielten sich die Zweifel an seiner Unschuld.

Als Adam Füssli innert Jahresfrist die Ehe mit der verwitweten Erbin eines Genfer Nahrungsmittelkonzerns schloss, wehten dem Bräutigam Missgunst und Misstrauen der Oberländer noch heftiger entgegen.

Seiner beruflichen Stellung konnte das Gemunkel vorerst nicht viel anhaben. Erst als es um die Frage ging, wer demnächst neuer Präsident im Gerichtskreis

Thun würde, drohte Adam Füsslis Karriere zu scheitern. Ein valabler Gegenkandidat gefährdete die präsidiale Zukunft. Die Vertreter der Schweizerischen Volkspartei portierten nämlich Beat Zurbuchen, einen eloquenten Juristen aus Interlaken.

Als Alt-Sozi erfuhr Adam Füssli durch seine Genossen wesentlich flauere Unterstützung. Vielleicht auch darum, weil er mit einem steuerbaren Vermögen in zweistelliger Millionenhöhe nicht mehr wirklich ins rote Lager passte.

Am Wochenende vor der Entscheidung geschah Unerwartetes.

Beat Zurbuchen unternahm eine Hochgebirgstour, um »nochmals richtig durchzuatmen.« In luftiger Höhe der Gspaltenhornhütte traf er nach Auskunft des Schweizerischen Alpenclubs jedoch nie ein. Zwar wurde der erfahrene Berggänger von verschiedenen Alpinisten in der Sefinafurgge gesichtet. Von dort weg wurde der 30-jährige Anwalt vermisst. Die intensiven Suchaktionen der Rettungskolonne SAC, der kriminaltechnischen Spezialtrupps mit Leichenhunden und des Helikopterpiloten blieben erfolglos.

Zwischenzeitlich wurden in der helvetischen Tagespresse Name und Bild des verschwundenen Alpinisten veröffentlicht. Das unscharfe Porträtfoto zeigte den Juristen in Anzug und Krawatte. Damit weckte es den kuriosen Eindruck, Beat Zurbuchen sei womöglich in Nadelstreifen auf den Berg gestiegen. Erst das knapp gefasste Signalement sorgte diesbezüglich für Klarheit.

›Der Vermisste ist 182 cm groß, schlank und trägt eine rote Jacke sowie blaue Wanderschuhe. Die Polizei bittet um Hinweise.‹

Der Thuner Amtsrichter, der sich zufälligerweise in derselben Bergregion aufgehalten hatte, bot den lokalen Behörden seine Unterstützung an. Allen Bemühungen zum Trotz blieb sein Gegenkandidat unauffindbar.

Nach zweiwöchigem Aufschub wurde schließlich erwartungsgemäß Adam Füssli in Amt und Würden eines Gerichtspräsidenten gesetzt. Er drückte den Angehörigen von Beat Zurbuchen sein Beileid und der Wahlbehörde seinen Dank aus.

Die Unterstellung, das ›Füßchen‹ lache sich jetzt ins Fäustchen, verlautete aus Kreisen der unterlegenen Volkspartei.

Füssli sollte das Lachen nur allzu bald vergehen. Er erhielt unvermutet anonyme Briefe. Darin wurde er beschuldigt, seinen Mitbewerber gewaltsam aus dem Weg geräumt zu haben. Das erste Schreiben schloss mit der Aufforderung: ›Fahr' zur Hölle!‹

Der Bedrohte ließ sich jedoch nicht einschüchtern. Er ignorierte die diabolische Drohung, sah von einer Anzeige ab und verzichtete auf jegliche Nachforschungen. Wisch wusste er vom Tisch zu fegen.

Eines Morgens erreichten Adam Füssli in kurzer Folge zwei ungewöhnliche Telefonate.

Der erste Anruf unterbrach sein Frühstück um 7.15 Uhr.

»Adam«, zischte eine weibliche Schlange, »in deinem Paradies wütet das Fegefeuer!«

Was für ein sonderbarer Morgengruß? Ein Bissen Butterbrot blieb dem Richter am Gaumen kleben. Füssli legte konsterniert den Hörer auf und spülte Gebäck und Botschaft mit einem Schluck Kaffee hinunter.

7.21 Uhr lärmte der Apparat im Thuner Domizil erneut.

Vorsichtshalber drückte Adam Füssli diesmal die Aufnahmetaste des Anrufbeantworters und ergriff gespannt den mobilen Geräteteil. Der Belästigte erwartete wieder die Unbekannte. An ihrer Stelle meldete sich eine sonore Männerstimme.

»Tag, Herr Füssli.« Es sprach der Hausmeister eines benachbarten Gstaader Chalets. »Soeben ist die Feuerwehr zu Ihrem Ferienhaus ausgerückt. Es steht im Vollbrand! Ich denke, Sie sollten herkommen.«

Adam Füssli verlor keine Zeit. Unter sträflicher Missachtung signalisierter Tempolimits raste er mit seinem Offroader ins Oberland.

Dort rätselte man inzwischen um die Identität einer verkohlten Leiche, die aus der Brandruine geborgen wurde. In der Doppelgarage lag ein ausgebrannter Mini-Cooper. Musste befürchtet werden, dass es sich bei der Toten um Frau Evelyne Füssli handelte?

Das Feuer hatte über Nacht die Umgebung des zerstörten Holzbaus von einem Winter- in einen Albtraum verwandelt. Zwischen aschgrauen Schneewechten kurvte eine martialische Edelkarosse heran. Ihr entstieg der Thuner Gerichtspräsident. Er erkundigte sich beim erstbesten Uniformierten besorgt nach Evelyne: »Wo bleibt meine Gattin?«

Der Beamte musterte den aufgewühlten Ankömmling voller Mitgefühl.

Adam Füssli stand im langen Kamelhaarmantel und karierten Hausschuhen im Schnee. Unter dem Mantelsaum zeigten sich dunkelblaue Pyjamahosen. Eine schweißnasse Haarsträhne wurde vom Rand einer Pelzmütze tief in die Stirn gedrückt. Braun-grau geflammte Brillenbügel aus Büffelhorn durchquerten die getrimmten Schläfen. Auf einem schmalen Nasenrücken balancierten ovale Brillengläser und tiefgekerbte Nasolabialfalten verbanden den Zinken mit dem entsetzten Mund.

Der Polizist wies mit dem gefütterten Fäustling seiner rechten Hand in Richtung nebelnder Rauchschwaden.

Der Gerichtspräsident durchstampfte das zugerußte Winterfeld im Sauseschritt.

Eine Viertelstunde später verließ Adam Füssli das weiße Plastikzelt der Spurensicherung. Darin lagen menschliche Überreste, die er soeben anhand des Diamanten aus dem geschmolzenen Verlobungsring und einer hitzebeständigen Zahnprothese als seine zweite Ehefrau identifizieren musste. Das war hart.

Dessen ungeachtet, stellte ihm der Einsatzleiter der Kantonspolizei Bern unbequeme Fragen.

»Herr Füssli, wo haben Sie eigentlich die letzte Nacht verbracht?«

»Eigentlich?«, wiederholte der Befragte. Drückte dieses eigentümliche Wörtchen Misstrauen aus? Der Richter stieß sich an der Formulierung des Polizisten. »In meinem Domizil am Thunersee«, erwiderte Adam Füssli kurz angebunden.

Der Beamte fragte in respektlosem Stil weiter: »Wer hat Sie denn über das Unglück informiert?«

»Denn? Warum ›denn‹?«, kritisierte Füssli. »Wie wär's mit ›dann‹, Herr Inspektor? Einen genauen Zeitpunkt könnte ich Ihnen nämlich schon nennen.« Was erlaubte sich dieser Bulle DENN EIGENTLICH? Adam Füssli vermisste eine situative Rücksichtnahme. Wohlweislich hielt er sich zurück.

Ungerührt wühlte der Einsatzleiter im wunden Herzen des leidgeprüften Witwers: »Herr Füssli, was vermuten Sie als Brandursache?«

»Zum Teufel!«, fluchte Füssli. Einmal mehr fürchtete er um seinen Ruf. Zu Recht. Bereits tags darauf erstürmte die Schwägerin die Amtsstube auf dem Thuner Schlossberg. Die aufgebrachte Genferin beschimpfte den Gerichtspräsidenten aufs Gröbste und hieß ihn unverblümt einen gemeinen Mörder.

Peinlicherweise entging dieser Auftritt auch dem Gerichtsschreiber Walter Kern nicht. Er stellte sich insgeheim die Frage, ob der französische Redeschwall Hand und Fuß hatte. Drohte seinem Chef der Adamsfall?

2

»Hoffentlich findet das ewige Sauwetter bald ein Ende«, brummt mein Assistent Jürg Lüthi und schaltet einen Gang hinunter.

»Der Frühling ist nicht mehr aufzuhalten«, tröste ich ihn. »Schau dir die Forsythien-Sträucher an! Die werden von Tag zu Tag gelber.«

»Ich auch. Mir läuft gleich die Galle über.«

Sein Missmut amüsiert mich. Wenn Jürg Lüthi schlechte Laune hat, erinnert er an einen trotzigen Pubertierenden. Sein burschikoses Outfit unterstreicht diese Assoziation. Er trägt verwaschene Bluejeans, ein großkariertes Flanellhemd unter ärmellosem Rautenpulli und einen Lederblouson aus Nappaleder. Auf dem Kopf sitzt eine braune Schirmmütze aus grober Wolle.

Punkto Mode falle ich in meiner hellgrauen Cordhose und der traditionellen Tweedjacke weit ab.

Plötzlich gibt Jürg Lüthi Saures. Er tritt abrupt auf das Bremspedal. Der fabrikneue Fiat 500 bleibt nach wenigen Metern bockstill stehen.

Wir werden in die Sicherheitsgurte geworfen und gleich darauf so heftig zurückgeschleudert, dass sich die Nackenstützen verstellen. Ein Wunder, hat keiner der sieben Airbags reagiert!

Ein nachfolgender Automobilist lässt die Bremsscheiben glühen, überholt laut hupend und bohrt sich demonstrativ den Zeigefinger in eine niedere Schläfe.

»Schon vorbei!«, entschuldigt der impulsive Chauffeur sein Manöver.

Zugegebenermaßen habe ich die Anschrift der Töpferei Weihermann ebenfalls übersehen. Der Fahrkünstler setzt ein paar Meter zurück und biegt schwungvoll auf den Kundenparkplatz ein.

»Dann wollen wir mal«, meint Jürg Lüthi, als wäre nichts Besonderes vorgefallen. Er entsteigt dem kulleräugigen Retro-Flitzer und strebt dem Laden zu.

Ich beeile mich, mit ihm Schritt zu halten.

Robert Weihermann, Seniorchef der Töpferei, führt den Betrieb in dritter Generation. Er fertigt Werkstücke, die jenen aus der Blütezeit der Thuner-Majolika in Vielfalt der Formen und der Glasuren ebenbürtig sind.

Kraftvoll stößt Jürg Lüthi die verglaste Ladentür auf und lässt mir den Vortritt.

»Vorsicht!«, werden wir von einer pausbäckigen Verkäuferin gewarnt. »Alles ist zerbrechlich hier«, und ergänzt kokett: »Außer meinem Herzen, vielleicht.«

»Wir werden von Herrn Weihermann erwartet«, informiere ich betont sachlich. Anbiederungen und Vertraulichkeiten wildfremder Zeitgenossen lehne ich kategorisch ab.

Die Sonne im Gesicht der drallen Lehrtochter

erlischt schlagartig. Sie wendet sich nach hinten um und bellt: »Chef!« An uns gerichtet: »Er kommt gleich.« Anschließend lässt uns das launische Wesen wie zwei Deppen stehen und zischt ab. Entgegen ihrer Ankündigung dauert es. Wir beginnen darum, das reichhaltige Sortiment im Laden zu inspizieren. Neben traditionell dunkeltonigen Gefäßen und Platten finden wir moderne Töpferware in Pink und Silber. Auch stupsnasige Gartenzwerge, monströse Häuschenschnecken und kauernde Raben fehlen nicht.

Jürg Lüthi deutet zwischen zwei bauchige Vasen unweit der gefräßigen Registrierkasse: »Hast du das gesehen, Hanspudi?«

»Was? Zeig her!«

Jürg Lüthi ergreift ein fuchsbraunes Lederetui und wiegt es prüfend in der rechten Hand.

»Ein Pistolenholster«, stelle ich an seiner Stelle verwundert fest.

»Inklusive Inhalt«, bestätigt mein Mitarbeiter. Er öffnet die Deckellasche, begutachtet die Waffe und präzisiert fachkundig: »Eine SIC. Die Armeepistole 49.«

Ich stimme ihm zu und scherze: »Ob das Lehrtöchterchen damit die Tageseinnahmen zu verteidigen hofft?«

Endlich erscheint der Töpfermeister. Eilig spediert Jürg Lüthi die Waffe an ihren Platz zurück. Wir grinsen verlegen. Fälschlicherweise interpretiert Robert Weihermann diese Heiterkeit als Würdigung des modellierten Zwergenvolkes. »Ja, ja. Diese Wichte gehen weg wie warme Semmeln. Da, den Zwerg mit dem erhobenen Stinkefinger, den verkaufen wir wie Verrückte.«

»… an Verrückte«, korrigiert Jürg Lüthi murmelnd zu meiner Linken.

Erst jetzt erkenne ich den unfeinen Fingerzeig des tönernen Gesellen und lächle aus reiner Höflichkeit. Robert Weihermann soll schließlich unser Kunde werden. Nicht umgekehrt.

Der Seniorchef steht kurz vor dem Pensionsalter. Er ist von gedrungener Statur. Der Kopf wird seitlich und im hintern Schädelbereich von gelbweißem, zehn Zentimeter langem Haar umflort. Über dem Mund, dessen Lippen sich beim Reden nur auf der einen Seite vollständig voneinander lösen, wuchert ein buschiger Schnauz. Das Kinn bedeckt ein ungepflegter Bocksbart, der den optischen Ausgleich zu zwei überaus krautigen Augenbrauen schafft.

Mit einem servilen Bückling und einer einladenden Geste weist der Alte nach hinten. »Bitte, meine Herren, begeben wir uns ins Atelier.« Vielsagend ergänzt er: »Ich will ihnen dort etwas Spezielles zeigen.«

3

Richter Adam Füssli füßelte jede freie Minute vom Gerichtsgebäude in das historische Museum hinüber.

Er profitierte von der räumlichen Nähe der beiden Lokalitäten auf dem Schlossberg. Demnächst sollte das Gericht allerdings verlegt werden. Weder der aufmerksame Gerichtsschreiber im Amt noch die aufgeweckte Frau an der Museumskasse konnten mit Gewissheit sagen, wem oder was die auffallend häufigen Besuche des Juristen galten. Was suchte der Vielbeschäftigte in seinen knappen Pausen? Was trieb der Richter während den Verhandlungsunterbrüchen? Interessierte er sich für die Präsentation der Trophäen aus der Burgunderbeute, für die klapprigen Rüstungen oder die bunten Töpferwaren?

Gerichtsschreiber Walter Kern und Kassiererin Martha Rechberger hatten sich ihre Meinungen zu den richterlichen Besuchen im Schloss längst gemacht. Adam Füsslis Unruhe fußte auf einer simplen Weibergeschichte.

Während Frau Rechberger die Auffassung vertrat, der prominente Witwer habe seiner verstorbenen Gattin etwas gar kurze Zeit nachgetrauert, verstand Herr Kern das Verhalten seines Chefs als Anzeichen dafür, dass mit der Partnersuche ein herber Schicksalsschlag überwunden war.

»Ein Topf sucht seinen Deckel«, waren sich die schlauen Schlossberger schlüssig. Nur hinsichtlich der Auserwählten rateburgerten die Angestellten drauflos.

Galt Adam Füsslis Aufmerksamkeit einer der treuen Museumsbesucherinnen? Gelegentlich frönten aparte Damen mittleren Alters der musealen Kontemplation. Ab und zu schwebten komplizierte Musen ungeküsst durch mittelalterliches Gemäuer.

Oder handelte es sich bei der heimlichen Flamme des unheimlichen Richters um die anmächelige Kunsthistorikerin, die der Direktorin seit Kurzem als Praktikantin zur Seite stand?

War es gar Brigitte Santschi persönlich, die der Gerichtspräsident ins Auge gefasst hatte? Die große, schlanke Museumsdirektorin hätte von der Position und der Postur gut gepasst.

Kam allenfalls sogar eine der portugiesischen Putzfrauen in die Kränze? Katholisches Reinigungspersonal gehörte bisher zwar nicht ins Beuteschema des standesbewussten Schwerenöters. Andererseits war nicht auszuschließen, dass der alternde Weiberheld mit zunehmender Erfahrung das Spektrum weitete.

So oder so mussten vom neugierigen Fußvolk Ungewissheiten aller Art und nichts Geringeres als die platte Neugierde ertragen werden. Bis Adam

Füssli eines Tages in dringlicher Angelegenheit aufs Schloss gerufen wurde. Die Direktorin suchte juristischen Rat.

Brigitte Santschi informierte über einen Schadensfall, der kürzlich in der Sammlung vorgefallen war. Unter ungeklärten Umständen war ein Keramikgefäß von besonderer Seltenheit und zweifelhafter Berühmtheit in die Brüche gegangen. Die Direktorin beschuldigte einen jungen Mann aus der Region der Sachbeschädigung und forderte Schadenersatz. Der Jüngling hatte sich zum fraglichen Zeitpunkt erwiesenermaßen in der Majolikasammlung aufgehalten. Dennoch wies er jegliche Schuld weit von sich. In der Folge drohten beide Parteien mit juristischen Schritten.

In dieser verfahrenen Situation konsultierte Brigitte Santschi, wie erwähnt, den Gerichtspräsidenten. Sie hoffte von ihm zu erfahren, wie die Bruchstücke der gegensätzlichen Darstellungen allenfalls gütlich zu einem Ganzen zu kitten wären.

Adam Füssli erteilte die lapidare Empfehlung, den zerdepperten Pot der Haftpflichtversicherung des Verursachers zu melden oder der Bruchversicherung des Museums in Rechnung zu stellen. Angesichts der zu erwartenden Verfahrenskosten und der geschätzten Schadenssumme riet er zu einer außergerichtliche Lösung.

»Es sei denn«, beschied er Frau Santschi, »Sie planen

eine Inszenierung des ›Zerbrochenen Krugs‹.« Womit der Jurist seine Ausführungen schloss und das Schloss mit spöttischem Grinsen verließ.

Diese Auskunft vermochte Brigitte Santschi nicht zu überzeugen. Der Auftritt des Richters noch viel weniger.

Auch die Spekulationen an der amourösen Gerüchtebörse fanden keine Erfüllung. Es mangelte Frau Rechberger und Herrn Kern weiterhin an zuverlässigen Informationen und schlüssigen Beweisen eines Techtelmechtels auf höchster Schlossbergebene.

4

Im Laden der Heimberger Töpferei türmen sich hohe Stapel verkäuflicher Keramik. Markieren sie eher die Stelen einer aufstrebenden Branche oder nur die Mahnmale einer desaströsen Wirtschaftslage?

Der Meister präsentiert mir und meinem Assistenten eine überstellte Werkstatt. In ihrer Mitte rotieren drei elektrische Drehscheiben. Aus einem staubigen Transistorradio scheppert der Heimat-Song vom Schweizer Rapper BLIGG:

»*Helvetia und Willhelm sind stolz uf eusi Chinde,*
Grüezi Frau Küenzi,
mit em Arsch gwagglä müend si.«

An der Rückwand des stickigen Raumes lässt Hafnerware in lederhartem Zustand die Tablare der wandhohen Regale durchhängen. Rechter Hand imponiert ein mächtiger Brennofen, der in kurzen, regelmäßigen Intervallen sein Brummen mit einem dumpfen Plopp unterbricht. Nach wenigen Sekunden lässt das kolossale Ungetüm die staubtrockene Atelierluft jedes Mal erneut vibrieren.

»Die Hitze steigt nur schrittweise auf 900 Grad. Ganz behutsam. Sonst ginge bereits beim Rohbrand alles in die Brüche«, erklärt der Töpfer mit wichtiger

Miene. »Danach wechseln wir die Ware und bereiten den sogenannten Glasurbrand vor. Er erreicht seine Spitze bei 1200 Grad. Die große Hitze ist erforderlich, damit die aufgetragenen Chemikalien zuverlässig und regelmäßig ausschmelzen.«

»Woraus bestehen diese Glasuren?«, erkundigt sich mein Assistent, nichts Böses ahnend.

Robert Weihermann setzt sein schräges Lächeln auf, zupft nervös an seinem Bocksbärtchen und meint betreten: »Die Zusammensetzung ist ein gut gehütetes Geheimnis.« Damit erinnert er an die verstockten Käser einer TV-Werbung. Käse- und Bankgeheimnis, das versteht man ja noch irgendwie. Aber Glasurgeheimnis?

»Jeder Töpfermeister mischt seine eigenen Pülverchen zusammen. Mehr will ich dazu nicht sagen.« Im Weitergehen präzisiert er: »Natürlich erfolgt alles im Rahmen der Vorschriften. Die Lebensmittelverordnung verbietet beispielsweise bleihaltige Glasuren. Die wurden in der Vergangenheit zu sorglos verwendet und führten in der Folge fast zum Aussterben des Handwerks. Die Töpfer krepierten Reihenweise an Bleivergiftung.«

Ich nicke betroffen und blicke zur Fensterfront, deren Scheiben völlig erblindet sind. Ob in diesem Atelier tatsächlich keine problematischen Stoffe mehr geschmolzen werden? Ein verdächtig mattweißer Belag auf dem Glas verwehrt zwei Angestellten jedenfalls den

Durchblick komplett. Sie glasieren gebrannte Gefäße aus schamottiertem Ton. Die Lehrtochter taucht die Werkstücke mit bloßer Hand in einen Zuber mit gräulicher Flüssigkeit. Danach stellt sie die tropfenden Krüge zum Trocknen auf zwei lange, schmale Holzleisten.

Ein blasser Arbeiter sitzt mit krummem Rücken über einer schwarz grundierten Salatschüssel. In bewundernswertem Tempo und mit unnachahmlicher Präzision lässt er aus einem Malhörnchen Margeriten und Edelweiß erblühen. Das Gerät besteht aus einem handgroßen Gummiball, durch dessen hornförmige Plastikdüse flüssige Engobe auf den Malgrund spritzt.

Der geschickte Keramikmaler hustet trocken.

»Niklaus, mein Sohn«, kommentiert Robert Weihermann.

In der Tat erfordert die gebückte Erscheinung eine Erklärung. Sie verheimlicht auf den ersten Blick nämlich jede genetische Nähe zu seinem Erzeuger.

Niklaus Weihermann wendet sich uns kurz zu, nickt und fragt fast tonlos: »Kommen Sie wegen der Sache mit dem Krug?« Dabei öffnet er seinen Mund asymmetrisch und verrät die familiären Banden doch noch.

Sein Vater winkt ab. »Lass! Ich mache das.«

Der Sohn kuscht sofort. Er tut mir leid. Sichern diese Umgangsformen dem Familienunternehmen eine Zukunft? Die ruppige Art von Robert Weihermann verärgert mich. Zudem wäre es allmählich an der Zeit, Konkreteres über den Auftrag zu erfahren.

»Also, Herr Weihermann. Was können wir für Sie tun?«

Der Alte zögert, greift in die Innentasche seines staubigen Kittels, zieht ein Bündel mit Farbfotos heraus und knallt es mit weitausholender Geste auf die Werkbank. »Volià, darum geht es!«

5

Auffällig.

Auf allen Fotos ist ein und derselbe Krug abgebildet. Immerhin aus unterschiedlichen Perspektiven. Das ermöglicht es mir, die Höhe des realen Gefäßes auf 30 Zentimeter zu schätzen. Ein Referenzmaß ist auf den Abbildungen allerdings nicht auszumachen.

»Ein schönes Stück«, kommentiere ich, ohne wirklich etwas davon zu verstehen. Mein Urteil basiert auf der theatralischen Art und Weise, wie Robert Weihermann die Aufnahmen hervorgezaubert hat.

Der dokumentierte Tonkrug überzeugt durch eine interessante Formgebung und irritiert mit einer reichen Ornamentik. Sein bauchiger Grundkörper verengt sich nach oben hin auf einen ringförmigen Durchmesser von ungefähr sieben Zentimetern. Darüber weitet sich das Gefäß um Fingerbreite und endet mit einem hohen Kragen. Ein kurzer, spitzer Ausguss durchbricht diesen seitlich. Ihm gegenüber entspringt in streng horizontaler Richtung ein Henkel mit rechtwinkligem Knick, der zum Bauch des Gefäßes zurückführt. Der besondere Reiz des abgebildeten Museumsstücks liegt im formalen Gegensatz zwischen fülliger Gefäßform und kantigem Bügel.

Robert Weihermann erklärt: »Der Henkelkrug trägt die charakteristische Ornamentik der Thuner Majolika. Ich weiß nicht, ob Sie sich auskennen. Es handelt sich um Geschirr, das mit dem Aufkommen des regionalen Tourismus im 19. Jahrhundert als typisches Souvenir gehandelt wurde. Heute befinden sich die besten Stücke in England und Frankreich, den Herkunftsländern der damaligen Feriengäste.«

Jürg Lüthi und ich nicken beflissen wie Musterschüler. Was mich anbelangt, halte ich die opulente Bemalung für überladen und den damaligen Zeitgeschmack für gewöhnungsbedürftig. Alle Zwischenräume der dekorierten Oberfläche sind mit bunten Tupfern gefüllt, als hätte der Künstler unter einem Horror vacui gelitten. Empfand er Abscheu vor der Leere?

Unweigerlich blicke ich zu Niklaus Weihermann, der noch immer dunkle Schalen mit floralen Motiven mustert. Er lächelt bitter und schweigt. Wie ist seine Wortkargheit zu interpretieren? Mit Schüchternheit, mit Unhöflichkeit oder mit Desinteresse?

In barocker Form und Fülle prangen ockerfarbene und reinweiße Blüten im prächtigen Blumendekor, umrankt von kobaltblauem und flaschengrünem Blattwerk. Besonders auffällig wirkt ein Muster in der Größe eines ›Fünflibers‹, einer Fünffrankenmünze. Es befindet sich sowohl am Bauch als auch am Kragen des Kruges und erinnert an das altkluge Gesicht eines jungen Steinkauzes. Zwei dunkelblau umrandete Kugelaugen starren weiß aus ziegelrotem Kopfgefieder. Ein durchgehender Brauenbogen grenzt die Augenpartie von der hell grundierten Stirn ab. Gitterförmig ist sie mit dunklen Schraffuren überzogen.

Der Mitte der Eulenfratze entspringt ein kurzer, honiggelber Schnabel. Darin stecken drei lindengrüne Blättchen. Ein senkrechtes, kobaltblaues Streifenmuster füllt die untere Kopfhälfte und evoziert, trotz ungewohnter Farbigkeit, Bartwuchs. Blaubart im Berner Oberland?

Robert Weihermann scheint meine Gedanken zu erraten und meint: »Diesem Motiv sagen wir ›Alt-Thun-‹ oder ›Chrut-Muster‹. Für die hiesige Majolika ist es jedenfalls typisch.«

»Besonders alpenländisch wirkt das Ornament nicht«, entgegne ich.

»Da gebe ich Ihnen recht, Herr Feller. Möglicherweise dokumentiert es Einflüsse aus dem Ottomanischen Reich«, bestätigt der Töpfermeister und begibt sich zu einem Regal. Ohne sich mir zuzuwenden, posaunt er: »Nach der Ausgrabung von Troja kamen orientalische Muster in Europa groß in Mode.« Robert Weihermann trägt feierlich eine bleigraue Plastikbox heran, öffnet sie behutsam und verkündet mit sonderbarem Unterton: »Schauen Sie her! Das sind die Bruchstücke des Museumsgeschirrs.« Tonscherben liegen in gelblichen Schaumstoff gebettet.

»Hat die Ihnen die Direktorin persönlich anvertraut?«, erkundige ich mich verwundert.

»So ist es«, bestätigt Robert Weihermann, ohne mit der Wimper zu zucken. »Ich habe ihr in Aussicht gestellt, den Krug fachgerecht und vor allem kostenlos zu restaurieren, falls sie sich bereit erklärte, die Anschuldigung gegen Niklaus fallen zu lassen.«

Auf diesen Satz hin wendet der Junior ruckartig seinen Kopf und sendet dem Vater hoffnungsvolle Blicke.

Jürg Lüthi will sich eine der bunten Scherben aus der Kiste pflücken. Aber hoppla! Robert Weihermann interveniert lautstark: »Nichts berühren!«

Ich nutze die Peinlichkeit des Augenblicks für eine Zwischenfrage: »Was hat es mit der Beschuldigung Ihres Sohnes auf sich?«

Unaufgefordert entnimmt mein Mitarbeiter seiner Umhängetasche einen Schreibblock, einen Kugelschreiber und Lippenpomade. Nachdem er sich mit dem Stift den Mund bekleistert hat, signalisiert Jürg Lüthi durch diskretes Räuspern seine Einsatzbereitschaft.

Vater Weihermann kommandiert: »Niklaus, komm' und erklär' den Herren, was Sache ist!«

Niklaus Weihermann schleicht folgsam heran und beginnt stockend zu erzählen: »Na, ja. Ich machte an jenem Tag zeitiger Feierabend als gewöhnlich.«

»Wozu?«, fragt Jürg Lüthi.

»Um mich auf den Schlossberg zu begeben.«

»Sie besuchten das historische Museum?«, deutsche ich aus.

»Hm«, bestätigt er nur.

»Wozu?«

Wortlos starrt mich der Töpfer an.

Ich versuche es mit einer anderen Frage: »Warum erst so spät?«

Darauf erhalte ich von Niklaus Weihermann eine knappe Auskunft. »Ich wollte vor Torschluss hinunter.«

»Hinunter? Das Schloss steht auf dem Hügel!«, wendet Jürg Lüthi ein.

»Ja, das Schloss schon«, bestätigt der junge Mann, »aber die Majolika befindet sich unten im Keller. Waren Sie denn noch nie dort, Herr Lüthi?«, wundert er sich.

»Doch«, bestätigt mein Assistent. »Man betritt den Raum über eine Art Empore.«

»Genau. Dort reihen sich Vitrinen mit Geschirr. Weitere Glasschränke stehen im ebenerdigen Bereich.« Allmählich taut der Junge auf. Seine Berichterstattung wirkt flüssiger.

Ich beabsichtige, Niklaus Weihermanns unverhoffte Auskunftsbereitschaft aufrechtzuerhalten. »Das Geschoss ist über zwei unterschiedliche Niveaus verteilt?«

Leider reißt Vater Weihermann die Diskussion an sich. »Der untere Kellerteil liegt direkt auf der Nagelfluh. Es diente bis 1617 als Burgverließ«, ergänzt er.

»Danach erfolgte ein Ausbau. Die Decke wurde durch drei Eichensäulen auf Steinsockeln verstärkt. Gleichzeitig wurde ein Durchgang zum Schlosshof erstellt, um den Raum künftig als Fasskeller zu nutzen.«

Lange hat es Papa Plappermann nicht geschafft, die Klappe zu halten, stelle ich fest. Umso mehr überrascht, dass erneut der Sohn fortfährt.

»Ein paar Treppenstufen führen in den tiefer gelegenen Bereich, wo Majolika in einer Schautöpferei bewundert werden kann.«

»… und alte Kutschen und Schlitten und …«

»Entschuldigen Sie bitte, dass ich unterbreche, Herr Weihermann«, stoppe ich den Töpfermeister. »Wozu wird uns all das derart detailliert beschrieben? Ist es für den angekündeten detektivischen Auftrag von Belang?«

»Und ob«, bestätigt jetzt der Sohn. »Wegen dem Niveauunterschied ist der Ausstellungsraum vom Eingang her nicht vollständig überschaubar.«

Seine Erklärung lässt mich vorerst ratlos. Jürg Lüthi scheint es ähnlich zu ergehen.

»Ansonsten hätte ich Eva rascher retten können«, behauptet Niklaus Weihermann und ergänzt: »Eva ist meine Freundin.«

»Augenblick«, mischt sich Jürg Lüthi ein. »Habe ich Sie eben richtig verstanden? Ihre Freundin hat sich zum Zeitpunkt des Krugbruchs ebenfalls im Ausstellungsraum aufgehalten?«

»Ja, klar. Wegen ihr bin ich überhaupt hingegangen. So mache ich das immer, wenn Eva dort Aufsicht hält.« Niklaus Weihermann huscht ein Strahlen über das Gesicht. »Wir gehen bereits ein halbes Jahr miteinander. Wenn ich es einrichten kann und mich der Vater lässt, hole ich sie im Schloss ab. Eva arbeitet in ihrer Freizeit als Aufseherin. Eigentlich geht sie noch zur Schule. Sie besucht das Gymnasium im Schadauquartier.«

»Auch eines dieser kopflastigen Schattenwesen«, kommentiert Vater Weihermann abwertend. Damit provoziert er die Vorstellung schwarz gewandeter Emos, die übernächtigt durch lange Korridore eines ketchupfarbenen Komplexes geistern.

Das markante Schulhaus mit der roten Fassade steht auf einer grünen Wiese unweit des Sees. Seit der Veröffentlichung des Schelmenromans ›Franz oder warum Antilopen nebeneinander laufen‹ von Christoph Simon, trägt das Gymnasium Thun-Schadau den Übernamen ›Tomatenbunker‹. Inzwischen neutralisiert ein betongrauer Neubau zumindest den Anblick von Süden.

»Schadau im ›shadow‹«, spottet der Alte weiter.

»Spielen Sie auf die Namensfindung an, Herr Weihermann?«, kontere ich betont gelassen. Als ehemaliger Schulmeister meine ich, pädagogische Institutionen per se verteidigen zu müssen.

»Worauf sonst?«, mault Robert Weihermann.

»Dann schildern Sie uns die Umstände.«

Der Heimberger zupft am Bärtchen und windet sich: »So genau kenne ich die auch wieder nicht, Herr Feller«, und entschuldigt sich mit dem verheerenden Bekenntnis: »Ich bin kein Thuner.«

Ein guter Grund, ihm auf die Sprünge zu helfen. »Als hier vor Jahren eine weitere Mittelschule begründet wurde, reichte die Bezeichnung ›Gymnasium Thun‹ für zwei unterschiedliche Institutionen nicht mehr aus. Man musste die beiden Schulen auseinanderhalten können. Dazu wurden passende Namen gesucht. Flurnamen schienen sich besonders anzubieten. Die Partnerschule beanspruchte bereits die wohlklingende Bezeichnung ›Seefeld‹. Welche blieb der alteingesessenen Bildungshochburg an der Seestrasse?«

»Wenn ich mich richtig erinnere, standen die Namen Lachen, Scherzligen und Schadau zur Auswahl«, weiß Robert Weihermann und meckert: »Einer lustiger als der andere.«

»Präzis. Darum konnten sich die Verantwortlichen weder für eine Mittelschule zum Lachen noch für ein Scherz-Gymnasium erwärmen. Schadensbegrenzung verhieß einzig und allein die Schad-Au.«

»Dabei braucht ein beschatteter Lernort nicht automatisch im Widerspruch zu einem sonnigen Unterrichtsklima zu stehen«, feixt der neunmalkluge Assistent. Er muss es ja wissen. Sein Sohn Stefan besucht seit einem Jahr den Tomatenbunker.

»Schadau bezeichnet eine Aue, die zu früheren Zeiten regelmäßig überschwemmt wurde und Schaden erlitt oder verursachte«, schließe ich meine Ausführungen.

Mein Assistent mahnt: »Kehren wir zum Thema des Krugbruchs im Museum zurück. Herr Weihermann, Ihre Freundin hat Aufsicht geschoben und Sie haben sie abholen wollen?«

»Stimmt«, bekräftigt Niklaus Weihermann. »Dann kam dieser Saukerl dazwischen!«

Jürg Lüthi hebt verwundert die Augenbrauen. »Wer soll das sein?«

Der Junior fixiert die blinden Fensterscheiben. »Keine Ahnung. Ich habe ihn leider nicht wirklich zu Gesicht bekommen.« Nach kurzer Pause meint er: »Es war nämlich so. Als ich ahnungslos die enge Wendeltreppe hinuntergestiegen bin, habe ich plötzlich einen Hilferuf gehört. Mir war sofort klar, dass es sich um Eva handelte.«

»Wie konnten Sie sicher sein?«, frage ich.

»Erstens kenne ich ihre Stimme. Zweitens halten sich so kurz vor Feierabend nur selten noch Besucher im Kellergeschoss auf.« Er erhebt sich und schildert mit unerwarteter Lebendigkeit die weiteren Geschehnisse: »Ich war auf den Schrei hin losgerannt. Dabei hatte ich wohl ein ziemliches Getrampel verursacht und Evas Angreifer gewarnt. Jedenfalls klirrte es gewaltig und gleich darauf ertönten die Sirenen. Der Alarm wurde durch das Aufreißen der Sicherheitspforte ausgelöst. Genau in dem Augenblick, als ich den Keller erreichte, schlug der Notausgang wieder zu und der Lärm verstummte.«

»Was genau haben sie vorgefunden?«, erkundigt sich mein Mitarbeiter.

»Ein Bild der Zerstörung!«, erwidert der junge Töpfer ohne Zögern. »In jedem Winkel des Raumes lagen Stücke der Glasvitrine und ihres Inhalts. Eva saß entgeistert in einem antiken Figurenschlitten und rang die Hände. Das arme Mädchen!«

»Der schöne Krug«, brummt Robert Weihermann.

Jürg Lüthi überhört den Vater und vergewissert sich beim Junior: »Sie haben den Täter nicht erkannt?«

Niklaus Weihermann schüttelt sein Haupt: »Leider nein.«

»Zumindest Ihre Freundin wird ihn beschreiben können«, hoffe ich.

Der Angesprochene winkt erneut ab. »Eva hat sich das Gesicht nicht merken können.«

»Rein gar nichts?«, wundert sich Jürg Lüthi.

»Absolut!«, bekräftigt Niklaus Weihermann mit Nachdruck und liefert gleich eine Erklärung: »So geschockt, wie die Arme war.«

»Geschockt? Wegen den paar Scherben?« zweifelt mein Mitarbeiter.

Damit kommt er nicht gut an.

»Nein, nicht darum!«, braust Niklaus Weihermann auf und stößt hervor: »Wegen dem, was der Kerl meiner Eva angetan hat!« Dazu funkeln die Augen des jungen Mannes hasserfüllt.

»Was meint die Polizei dazu?«, erkundigt sich Jürg Lüthi sachlich.

»Polizei?«, wiederholt Vater Weihermann abwehrend. »Wozu die Schroterei?«

»Ja, wurde denn keine Anzeige erstattet?«, wundere ich mich.

»Von wem?«, kläfft Robert Weihermann und zieht die Finger der rechten Hand wie einen groben Kamm durch die langen, weißgelben Haarsträhnen.

Stellt sich der Alte absichtlich dumm?

»Von Ihnen oder Ihrem Sohn, von Eva selbst, von der Museumsleitung, oder was weiß ich? Irgendwer wird den Vorfall doch gemeldet haben?«

»Nein, da waren und sind wir alle strikt dagegen. Fehlt gerade noch, dass diese Angelegenheit offiziell wird«, wehrt der Seniorchef ab. »Kurzum würde sie publik.«

Bevor ich neue Vorbehalte anmelde, schiebt Robert Weihermann nach: »Darum haben wir uns für eine private Detektei entschieden. Sie und Ihr Assistent sollen in unserem Auftrag herausfinden, wer der Freundin meines Sohnes zu Leibe gerückt ist und anschließend die Majolika zerstört hat.«

6

Nichts schien ihn zu erschüttern. Weder der frühe Hinschied seiner beiden Ehefrauen noch der Verlust seiner einzigartigen Keramik-Sammlung. Nach außen hin ertrug Adam Füssli Schicksalsschläge mit bewundernswerter Fassung.

Für die verloren geglaubte Majolika zeichnete sich eine Lösung ab. Nach dem Brand hatte Adam Füssli eigenhändig so viele Scherben als möglich aus der Asche geklaubt. Ein paar Objekte waren möglicherweise durch eine Restauration zu retten. Glücklicherweise hatte er sämtliche Sammlungsstücke gut dokumentiert. Und klugerweise bewahrte er den entsprechenden Sammlungskatalog nicht auch in Gstaad, sondern separat in seiner Villa am Thunersee auf. So waren die Dokumente als Grundlage für die Rekonstruktion und Restauration der Keramik nicht verloren gegangen.

Mit diesen Unterlagen suchte Adam Füssli eines Tages den Jugendfreund auf, der im Ruf stand, einer der fachkundigsten Keramikrestauratoren des Kantons zu verkörpern. Es handelte sich um niemand anders als den Heimberger Töpfermeister Robert Weihermann. Ihm wurden die Fotos zusammen mit den geretteten Bruchstücken vorgelegt.

»Denkst du, dass da noch was zu retten ist?«, fragte ihn Adam Füssli hoffnungsvoll.

Sein Freund verbreitete Zuversicht und versprach, die abgebildeten Stücke quasi aus der Asche auferstehen zu lassen. »Du wirst keine einzige Kittstelle erkennen. Deine Keramik wird aussehen wie neu.«

»Zum Teufel, Robert, nur das nicht!«, wehrte der Richter scherzend ab. »Den antiken Krügen soll man das Alter ansehen. Das erst macht sie mir lieb und teuer.« Eitel fügte er hinzu: »Lasse sie ganz einfach wirken wie seinen Besitzer: gut erhalten.«

Ebenso unbescheiden beruhigte ihn Robert Weihermann: »Dein wertvollstes Gut wird von meinem kostbarsten Schatz profitieren: meiner Erfahrung.«

»Gewiss, Robert. Aber du weißt, dass der wertvollste Schatz des Alters nicht die Erfahrung, sondern die Erfüllung darstellt.«

Weihermann nickte und äußerte sich erneut ziemlich missverständlich: »Keine Sorge, lieber Freund. Ich werde deiner Erwartung an mein handwerkliches Geschick voll und ganz gerecht werden. Du wirst deine Hafen nicht wiedererkennen.«

Adam Füssli rückt sich seine Brille zurecht, als wäre besonderer Durchblick erforderlich, und meinte lakonisch: »Hoffnung oder Befürchtung, das mit dem Wiedererkennen?«

Noch bevor beim alten Töpfer die Münze gefallen war, beendete der Richter den ungleichen Dialog mit der Einschätzung, dass man sich wohl schon ›recht‹ verstehe.

Widererwarten pflichtete ihm Robert Weihermann nicht bei. Stattdessen musterte er sein Gegenüber missmutig und kritisierte: »Tja, Adam. Fatalerweise war das nicht immer der Fall, wie du weißt.«

Diese Bemerkung erwischte Füssli auf dem falschen Fuß. »Sollten wir die Vergangenheit nicht endlich ruhen lassen?«

Der Töpfermeister enthielt sich einer weiteren Äußerung, nahm erneut eine Fotografie des Inventars zur Hand und musterte sie kritisch.

Adam Füssli unterbrach mit einem unerwarteten Vorschlag: »Robert, hättest du Lust, mich gelegentlich auf den See zu begleiten? Ich bin seit vielen Jahren Ruderer im Seeclub und würde mich freuen, dich als neues Mitglied zu gewinnen.«

»Dort passe ich doch überhaupt nicht hinein, in den noblen Verein«, wehrte Robert Weihermann ab, allerdings ohne nachhaltige Überzeugungskraft.

»Nobel war gestern. Heute zählen einzig Sportgeist und Kameradschaft. Wenn du einverstanden bist, können wir uns für eine Probefahrt einen Doppelzweier auslehnen. Es würde mir viel bedeuten, mit dir im selben Boot zu sitzen.«

Robert Weihermann willigte ein. Dabei mag auch Füsslis lohnender Restaurationsauftrag eine gewisse Rolle gespielt haben. Die beiden Jugendgefährten vereinbarten eine Schifffahrt und fixierten dafür einen Termin vor dem Haus des Seeclubs auf der Aarehalbinsel.

Bereits wenige Tage später tauchten Adam Füssli und Robert Weihermann im Gleichtakt der rotierenden Skulls vier Ruderblätter ins klare Nass. In scheinbar ungetrübter Harmonie glitten sie über das Wasser und sangen gut gelaunt das Volkslied aus ihrer gemeinsamen Primarschulzeit:

»Jetzt fahr'n wir über 'n See, über 'n See,
jetzt fahr'n wir über 'n …
Jetzt fahr'n wir über 'n See, über 'n See,
jetzt fahr'n wir über 'n See.«

7

»Voilà! Diesen Auftrag hätten wir uns geangelt«, frohlockt mein Assistent.

Jürg Lüthi und ich haben soeben das Atelier der Töpferei Weihermann verlassen. Jetzt kurven wir mit flotten 100 PS zur Detektei in Thun. Sie befindet sich im ersten Stock eines unauffälligen Baus vis-à-vis dem reformiertem Kirchgemeindehaus an der Frutigenstrasse. Zur Liegenschaft gehören drei Besucherparkplätze, die wegen eines sperrigen Kehrichtcontainers leicht übersehen werden und darum für Eingeweihte in der Regel frei bleiben. Allerdings stehen dort seit Wochen und Monaten die Kleintransporter einer überforderten Baufirma, in deren Auftrag unqualifizierte Temporärarbeiter aus nah und fern eine Dachterrasse zu sanieren trachten. Heißer Teer tropft über die Fassade, gelbe Isoliermatten bröseln im Treppenhaus und manch einer der geplagten Bewohner hofft nach der Teerung auf die Federung der Verantwortlichen.

Die Eröffnung eines Geschäftslokals hat sich mit der Zunahme an Mandaten aufgedrängt. Wie hätte ich es weiterhin verantworten können, vertrauliche Absprachen mit Mitarbeiter und Auftraggebern in der Öffentlichkeit der einheimischen Gastronomie abzuhalten?

Alternierend zu Jürg Lüthi oder zu mir nach Hause zu pilgern, stellte längerfristig keine befriedigende Alternative dar. Die Kundschaft an der Hofstettenstrasse zu erwarten, noch viel weniger. Es ist mir nämlich nicht entgangen, dass potenzielle Mandanten gelegentlich lange Gesichter zogen, wenn sie für geschäftliche Besprechungen an privater Adresse empfangen wurden.

Seit ich die privatdetektivischen Geschäfte in professionellem Rahmen abwickle, läuft der Laden besser denn je. Das soll er, will ich in Thun eines Tages nicht mehr nur tun, was sich rentiert, sondern was sich lohnt!

Jürg Lüthi parkt vor dem vierstöckigen Flachdachbau und betätigt die ratschende Handbremse. Wir entschlüpfen dem eierschalenfarbenen Nuovo Cinquecento und betreten das senfgelbe Haus durch ein schinkenfarbiges Entree. Wir begeben uns über eine Steintreppe in die erste Etage. Vor verschlossener Tür taste ich in meiner Ledertasche nach dem Wohnungsschlüssel. Fündig geworden, bitte ich meinen Assistenten, einzutreten.

»Hier drinnen muffelt es gewaltig«, stellt dieser uncharmant fest.

Ich brumme eine Entschuldigung, eile zu den beiden Fenstern und reiße die Flügel auf. Von draußen dröhnt das rhythmische Donnern eines Güterzugs, der Richtung Lötschberg rollt.

Das Büro wirkt schlicht und übersichtlich. Kein Wunder, handelt es sich doch bloß um eine umfunktionierte Studiowohnung. Ihre kühle Sachlichkeit soll bei

Hilfesuchenden Vertrauen schaffen. Überblick, Durchblick und Einblick stellen in übertragenem Sinn nicht selten zentrale Anliegen der Menschen dar, die hier aufkreuzen. Dass die formalen, räumlichen Raumverhältnisse die inhaltlichen und zeitlichen Möglichkeiten meiner Kundschaft widerspiegeln, darf durchaus als zusätzlicher Pluspunkt gewertet werden.

Rechts vom Eingang befindet sich eine Kochnische. Am kubischen Küchenschrank hängt ein ovaler Spiegel. Der hat mich hier noch nichts Anständiges brutzeln gesehen. Vielleicht liegt es an der fehlenden Mikrowelle.

Straßenseitig steht ein Schreibtisch mit Chromstahlbeinen und dunkelbrauner Tischplatte aus Hartholz. Darauf sind ein Laptop, ein Laserdrucker, eine schwenkbare Schreibtischlampe, ein Telefon mit Festnetzanschluss und ein genügsamer Kaktus platziert. Unter dem Pult habe ich einen großen Papierkorb platziert, Basis jeder vernünftigen Ordnung. Sie gilt mir als das halbe Leben. Die andere Hälfte wird von Unordnung belegt. Die Vormachtstellung chaosfeindlicher Prinzipien entpuppt sich als helvetische Legende. Zwar finden wir in unserem Land zahlreiche Beispiele musterhafter Aufgeräumtheit. In den Kantonen beispielsweise, sorgen Polizisten für Recht und Ordnung, im Bund die Bundesordner. Währende die Ordnungshüter an der Front des Verbrechens kämpfen, füllen die bunten Ringhefter die Regale der Verwaltung.

Trotzdem gelingt nichts und niemandem, furchtbares, wildes, heilloses oder völliges Durcheinander dauerhaft zu unterdrücken. Der wiederholte Ruf nach mehr Ordnung hallt durch eine Gesellschaft, die selbst dem kreativen Chaos misstrauisch begegnet.

Zugegebenermaßen setze auch ich auf Disziplin und Ordnung sowie auf einen massiven Metallschrank, worin ich die Kundenkartei, sämtliche Falldossiers, die Buchhaltung und diverse Nachschlagewerke einbruch-, erdbeben-, wasser- und feuersicher aufbewahre.

Für Besprechungen steht im Büro ein ovales Salontischchen mit getönter Glasplatte bereit. Drumherum scharen sich drei Schalenstühle mit mintgrünen Polsterauflagen, extrem bequem. Gesteigerter Sitzkomfort verlängert erfahrungsgemäß die Sitzungsdauer. Gut für die Detektei. Hier wird der Aufwand nach Zeit verrechnet. Freiberufler müssen schauen, dass sie ›rauskommen‹, wo sie sich ›reingewagt‹ haben.

An der Wand neben der Eingangstür hängt ein unsigniertes Gemälde, Acryl und Kreide auf Leinwand. Es misst 120 × 80 Zentimeter und gilt als Werk eines Schweizer Künstlers, dessen Name mir momentan entfallen ist. Jedenfalls ein Thuner. Das Bild habe ich von Eleonore Günther zur Büroeröffnung geschenkt bekommen. Es zeigt ein orientalisches Motiv mit zwei Kamelen in der Wüste.

»Sie heißen Jürg und Hanspeter«, hat Eleonore bei der Übergabe behauptet.

Tatsächlich empfinden Jürg Lüthi und ich uns zu Beginn der Fälle nicht selten als kriminalistische Trampeltiere, die der flimmernden Fata Morgana einer verbotenen Medina zustreben. In diesem Sinne hätte ein Werk mit der einheimischen Variante desselben Motivs auch genügt: ›Esel am Berg‹ beispielsweise.

8

Jürg Lüthi nimmt am Besprechungstischchen Platz, wo er an seinem Mobiltelefon herumzufingern beginnt. Hofft er auf ein SMS seiner vergötterten Gemahlin?

Marie-Josette sendet ihm selbst nach ungezählten Ehejahren noch täglich knappe Botschaften. Nicht bloß des Inhalts, er solle auf dem Heimweg vier Rollen Klosettpapier einkaufen. Nein, nach Auskunft meines treuen Assistenten handelt es sich bei ihren SMS um veritable Liebesbeweise. Ich hingegen vermute dahinter Anzeichen beginnender Unterbeschäftigung. Die gute Marie-Josette droht in die Agonie hobbyloser Hausfrauen zu schlittern.

Jürg Lüthi gebietet meiner unausgesprochenen Unterstellung Einhalt und überrascht mich mit völlig neuen Bedenken: »Ich werde das ungute Gefühl nicht los, dass uns die Weihermänner etwas verheimlichen!«

»Ähm, inwiefern?«, staune ich.

Er zuckt mit den breiten Schultern und rückt sein weißes T-Shirt zurecht. »Kann ich nicht genauer sagen. Ihr Ansinnen kommt mir irgendwie suspekt vor. Es liegt im Grunde genommen nicht an ihnen, uns mit den Ermittlungen zu betrauen.«

»Sondern?«

»Wenn schon, an dieser Eva«, meint Jürg Lüthi. Sie müsste primär Interesse an der Auffindung ihres Peinigers zeigen. Sie allein weiß Bescheid und hat Grund zur Klage.«

Ich teile die Meinung meines Assistenten nur teilweise: »Was die Schadenersatzforderungen für die Keramik anbelangt, weisen Weihermanns durchaus einen nachvollziehbaren Klärungsbedarf aus.«

»Ja. Nur musst du zugeben, Hanspudi, dass die beiden mutmaßlichen Vergehen des ominösen Schlossbergwüstlings überhaupt nicht miteinander vergleichbar sind. Beim Zerscherbeln der Töpferware handelt es sich vielleicht lediglich um ein Missgeschick. Dagegen fällt der Übergriff auf die Aufseherin in ein völlig anderes Kapitel«, ereifert sich Jürg Lüthi. »Hier geht es um den Verdacht auf eine strafbare Handlung gegen die sexuelle Integrität!«

Zustimmend wende ich die Innenflächen meiner Hände nach oben, lehne mich in den Stuhl zurück und erkläre: »Zweifellos. Immerhin wird Niklaus Weihermann beschuldigt, den Krug verkachelt zu haben!«

»Dazu hat uns der Vater Informationen geliefert, die sich allesamt auf die Aussagen seines Sohnes stützen«, relativiert mein Assistent.

»Niklaus Weihermann hält sich seinerseits an die Darstellung der Freundin.«

Jürg Lüthi fixiert mich mit stahlblauen Augen.

»Warum beansprucht und berappt ein geschäftstüchtiger Töpfermeister die kostspieligen Dienste einer privaten Detektei, wenn dafür die öffentliche Hand zuständige Beamte auf der Lohnliste führt?«

Ich überlege. »Wir sind bisher davon ausgegangen, dass für Niklaus und Robert Weihermann die Täterschaft unbekannt ist.«

»Andernfalls wirkte ihr Aufrag erst recht suspekt.«

Ich widerspreche: »Was wäre, wenn Niklaus Weihermann den Mann im Schloss, entgegen der ursprünglichen Behauptung, doch erkannt hätte?«

»Reine Spekulation, Hanspudi. Warum sollte uns der Sohn Unwahrheiten auftischen? Wieso sollte er seinen Vater belügen? Wie käme Niklaus Weihermann dazu, den Schänder seiner Freundin mit falschen Behauptung zu schützen?«

Ich insistiere: »Niklaus Weihermann könnte beispielsweise beabsichtigen, eine ihm nahestehende Person vor juristischen Konsequenzen zu bewahren.

Jürg Lüthi schüttelt zweifelnd den Kopf. »Die reine Weste eines Bekannten soll ihm mehr gelten als die Unschuld seiner Eva?«

»Falls es sich beim ›unbekannten Bekannten‹ um einen sehr guten Freund handelt«, mutmaße ich.

»Grundsätzlich steht sich jeder selbst am nächsten«, gibt Jürg Lüthi zu bedenken. »Vielleicht will Niklaus Weihermann mit der ganzen Kruggeschichte von irgendwas ablenken?«

»Von einer Vergewaltigung, die er möglicherweise selbst begannen hat?«, fantasiere ich.

Jürg Lüthi kommentiert lakonisch: »Die Strategie hätte bis anhin jedenfalls nicht schlecht funktioniert.«

Ich wiege das Haupt unschlüssig hin und her und erwidere schließlich: »Wir erfüllen den Job nicht dadurch, dass wir unserem Auftraggeber den eigenen Sohn vorführen. Wir müssen meiner Meinung nach davon ausgehen, dass Robert Weihermann die Täterschaft unbekannt ist. Falls sein Sohn doch der Schuldige wäre, bin ich überzeugt, dass Niklaus seinem Vater den Einbezug einer Detektei rechtzeitig ausgeredet hätte.«

»Das ist nicht so sicher, bei dem geringen Gewicht, das sein Wort beim Vater wiegt. Die Überzeugung, dass Robert Weihermann in völliger Ratlosigkeit oder Unwissenheit handelt, teile ich nicht uneingeschränkt.«

»Jüre, wieso sollte uns Robert Weihermann an der Nase rumführen?«

»Ich könnte mir schon einen Grund ausdenken«, bemerkt er. Wer weiß, wie es um die Geschäftslage der Töpferei steht? Vielleicht befindet sich das Familienunternehmen in einer schwierigen finanziellen Situation. Dann hätte Robert Weihermann ein starkes Motiv, zusätzliche Mittel zu beschaffen.«

»Wie das?«

»Indem er uns instrumentalisiert. Robert Weihermann lässt uns den Schlossgeist einfangen, um ihn anschließend auszunehmen.«

Ich erhebe mich und unternehme ein paar Schritte zum orientalischen Gemälde an der Stirnwand. »Diese Kamele«, brumme ich. »Die lachen uns wiedermal aus.« Darauf blicke ich wechselweise zwischen Jürg Lüthi und den gepinselten Trampeltieren hin und her. Dasjenige auf der linken Bildfläche ähnelt unzweifelhaft meinem Assistenten.

Er schnaubt wie ein ungeduldiges Huftier und senkt bedeutungsvoll seine blonden Wimpern. »Hanspudi«, meint Jürg Lüthi »Richten wir den Fokus gescheiter auf Eva, die eigentliche Leidtragende. Wer ist sie? Was weiß sie zu berichten?«

»Das holen wir nach«, stimme ich zu.

»Ob sie aber Auskunft geben wird?«, zweifelt Jürg Lüthi. »Wenn ihr eine Anzeige bei der Polizei peinlich gewesen sein sollte, wird eine Befragung durch Privatdetektive kaum erwünschter sein.«

»Ich verlasse mich auf deine Erfahrung, Jüre. Du verstehst etwas von wertschätzender Kommunikation. Erledige du das!«, fordere ich ihn auf.

»Danke für das Vertrauen, Hanspudi. Aber wirkte bei dieser heiklen Thematik ein älterer Herr nicht vertrauenswürdiger?«

Ausnahmsweise lasse ich ihm den ›älteren Herrn‹ durchgehen. »Na gut. Dann kehrst du zur Töpferei zurück und fühlst erneut dem Junior auf den Zahn.«

»Okay!«

»Diesmal ohne väterliche Aufsicht, versteht sich«, betone ich.

»Hab's verstanden.« Jürg Lüthi macht Anstalten, die Detektei zu verlassen.

Ich halte ihn zurück: »Vielleicht kann auch das Lehrtöchterchen noch Fakten liefern?«

Nachdem der Mitarbeiter verschwunden ist, bleibe ich vor dem Spiegel stehen. Tja, Jürg Lüthi liegt mit seiner Einschätzung nicht völlig daneben: Ich sehe alt aus!

Seit wann durchziehen mein spiegelverkehrtes Konterfei so tiefe Falten? Ich kann mich nicht erinnern. Jedoch, sollte im Alter nicht ausgerechnet die Erinnerung an die Stelle der Hoffnung treten? Hoffnungslos, der schlechten Beleuchtung, dem unregelmäßigen Schlaf oder dem riskanten Lebensstil die alleinige Ursache der sukzessiven Vergreisung zuzuschieben.

Ich neige mich noch näher zum Spiegel hin. Mein Atem beschlägt seine Mitte. Aus dem Nebel starrt ein schlaffes Antlitz. Ein schlauer Detektiv wirkt jedenfalls anders.

Habe ich mich kürzlich noch über graue Haare gewundert, bin ich neuerdings schon zufrieden, wenn sie nicht alle ausgefallen sind. Allerdings glaube ich beobachtet zu haben, dass die Haarpracht nicht wirklich verloren geht. Sie wechselt bloß ihre Wachstumsrichtung! Ab einem gewissen Alter sprießt sie nach unten, quasi durch den Kopf hindurch. Ein Indiz darauf sind die Haarspitzen, die frech und zahlreich zu Ohren und Nase herauszugucken beginnen.

Und die Wangen? Sie wechseln allmählich vom konvexen zum konkaven Modus und wirken knittrig wie zerknülltes Brotpapier. Zwischen markanten Backenknochen und sorgenfaltiger Stirn sind zwei müde Augen eingepackt, die an hart gekochte Taubeneier erinnern.

Alt werden ist eben nichts für Weicheier. ›Getting old is not for sissies‹, warnte die Schauspielerin Bette Davis. Nicht allein bei ihr ist mit den Jahren höchstens das Gebiss ansehnlicher geworden. Ein dentales Wunder, dem die Zahnärzte die Krone aufsetzen.

Trotz allem lässt sich unter dem Strich leidlich gut leben. Unter der Gürtellinie eigentlich auch. Bisher hat sich meine Freundin Eleonore Günther jedenfalls nicht beschwert.

9

Wie stelle ich es an, Niklaus Weihermanns Freundin kennenzulernen?

Ich könnte den Töpfer einfach um ihre Adresse oder Telefonnummer bitten. Dann läge es in seinem Ermessen, den Kontakt zu ermöglichen oder zu verhindern. Niklaus Weihermann hätte es in der Hand, Eva gegebenenfalls vorzuwarnen, sich mit ihr abzusprechen oder Einfluss auf ihre grundsätzliche Auskunftsbereitschaft zu nehmen.

Ich will Evas unverfälschte Schilderung der Ereignisse im Museum evaluieren. Wenn ich Glück habe, werde ich sie genau dort antreffen. Ob das Mädchen überhaupt schon wieder Dienst tut?

Da es eine ganze Weile her ist, seit ich das letzte Mal im mittelalterlichen Gemäuer herumgegeistert bin, muss ich mir die Räumlichkeiten des Schlossmuseums erst vergegenwärtigen. Schnaubend steige ich die Kirchentreppe hoch, biege an ihrem oberen Ende nach links ab und durchschreite schweißnass das Tor zum Schlosshof. Mit Grauen werfe ich einen Blick auf die Pflastersteine zwischen einer alten Kanone und dem mittelalterlichen Ziehbrunnen. An dieser Stelle zerbarst vor wenigen Jahren der Leib einer verzweifelten Stadthostess, Stefan Lüthis erster Stiefmutter.

Die schiefe Ebene des Hofes wird rechter Hand vom alten Gefängnis flankiert. Links schmiegt sich ein schmaler, länglicher Bau mit steilem Pultdach an den wehrhaften Turm, den so genannten Donjon. Er ist mit dem Bergfried deutscher Burgen vergleichbar. Im Gegensatz dazu war er aber zum dauernden Wohnen eingerichtet. Heute werden Eintritts- und Ansichtskarten verkauft.

»In fünf Minuten startet der geführte Rundgang durch die Ausstellung«, werde ich durch die Dame hinter der Kasse informiert. »Besammlung ist im Rittersaal.«

»Wird die Führung zufälligerweise von einer gewissen Eva geleitet?«, erkundige ich mich hoffnungsvoll.

»Von meiner Eva? Nein, tut mir leid. Heute übernimmt die Direktionsassistentin den Termin.«

Ich werfe einen Blick auf das Namensschild der Frau: Martha Rechberger! Ich frage nach: »Ihre Eva? Habe ich das eben richtig verstanden? Ist Eva Ihre Tochter?«

Martha Rechberger bestätigt strahlend.

Immerhin kenne ich jetzt Evas Mutter. Schade nur, es besteht heute offenbar keine Gelegenheit, mich einer kunsthistorischen Führung der Gymnasiastin anzuschließen. Danach hätte ich die junge Frau in ein unverfängliches Gespräch verwickelt, um sie schließlich unverhofft auf ihre Begegnung mit dem aufdringlichen Besucher anzusprechen.

»Wollen Sie am Rundgang teilnehmen?«, unterbricht die Kassenfrau meine Gedanken. »Er führt an der Burgunderbeute vorbei, erlaubt die Besichtigung des originalen Fulehung-Kostüms und endet in einem der vier Türme.«

»Nein, danke Frau Rechberger. Ich interessiere mich vor allem für die Majolika«, wehre ich ab, beschließe jedoch, trotz Evas Abwesenheit, den Ort kurz in Augenschein zu nehmen.

»Die Geschirrsammlung finden Sie im Keller«, fügt die hilfsbereite Dame an und nestelt an ihrem grauschwarz gestreiften Kaschmirpulli.

»Ich komme klar«, versichere ich.

Darauf schlägt ihre Freundlichkeit in Renitenz um: »Falls Sie es sich doch noch anders überlegen, bezahlen Sie drei Franken dazu.« Sie legt eine kurze Sprechpause ein, mustert mich über ihre Lesebrille hinweg und meint unerwartet gnädig: »Ach so. Mit AHV-Ausweis ist der Anlass selbstverständlich gratis.«

Ich hebe verdutzt die schweren Augendeckel. Da hat die Kassenfrau mein Gammelfleisch um glatte 13 Jahre vordatiert. Nach Jürg Lüthis gestriger Anspielung und meiner kritischen Selbstspiegelung treten Analysen und Prognosen der gegenwärtigen Erscheinung inflationär zu Tage! Andererseits freue ich mich jetzt schon auf den preisgünstigen Seniorenteller im Stammlokal.

Soeben reicht mir Martha Rechberger einen Faltprospekt unter der Scheibe durch. »Das Plänchen können Sie mitnehmen«, meint sie und weist mit dem Kinn zur Eingangstreppe.«

Der Hauptzugang zum Museum liegt nicht, wie man es vielleicht erwarten würde, im Parterre des Donjons. Vom Kassenhäuschen steige ich direkt zum Rittersaal auf den dritten Boden hoch. Dort harrt eine Gruppe wissensdurstiger Touristen der fachkundigen Museumsführung. Just im Augenblick, in dem ich den Saal betrete, eröffnet die Direktionsassistentin ihren Vortrag. »So, jetzt wären wir wohl komplett.«

Ich durchquere den Raum möglichst diskret, schüttle dazu sicherheitshalber den Kopf und strebe direkt zum Treppenhaus. Ein paar polierte Ritterrüstungen stehen wie verlassenen Brustpanzer einer ausgestorbenen Käferart aufgespießt auf wackligen Ständern. Sonst gibt es im Rittersaal nicht viel mehr zu bestaunen. Schmale Sandsteinstufen winden sich ins Kellergeschoss. Ich stelle mir vor, wie hier Niklaus Weihermann vom Hilfeschrei seiner Freundin überrascht wurde.

Unten begegnen mir zwei bleiche Chinesen. Sie palavern vor pausbäckigen Tonfiguren, die auf einer bemalten Truhe posieren. Beim Nähertreten erkenne ich in den mondgesichtigen Keramiken unsere Nationalhelden, Wilhelm Tell mit Sohn Walterli.

Ich schiebe mich an Asiaten und Freiheitskämpfern vorbei und steige ein paar Tritte in die tiefer liegende

Raumhälfte. Dort steht unübersehbar der Figurenschlitten, in dem Eva Rechberger angeblich belästigt wurde. Die schmale, schalenförmige Sitzbank ist mit rotem Samt ausgepolstert. Davor fläzt eine geschnitzte Raubkatze von der Größe eines Bernhardiners. Das sonderbare Tier hebt tollpatschig die linke Pranke und sperrt den roten Rachen auf. Zweifelhaft, dass der Kunsthandwerker je einen richtigen Löwen zu Gesicht bekommen hat, denn der glänzend lackierte Holzkopf erinnert eher an einen schnurbärtigen Lakaien mit pomadiger Lockenfrisur als an den König der Tiere.

Die beiden Chinesen verlassen rechtzeitig den Raum. Danach wird's laut.

»Aufgrund von Urkunden setzt das Hafnergewerbe in Heimberg um 1730 ein«, referiert die herannahende Direktionsassistentin mit überdeutlicher Aussprache.

Oh weh! Die geführte Gruppe hat mich eingeholt. Für mich gibt es kein Entrinnen mehr. Ich kann auf der engen Stiege schwerlich gegen die Masse der herabsteigenden Menschen drängen. Nun muss ich mir die Ausführungen doch anhören, zumindest bis alle Touristen nachgetrippelt sind und sich das Treppenhaus wieder entleert hat. Theoretisch stünde mir ein Ausweg offen. Ich könnte die Flucht durch den Notausgang ergreifen, wie vor Wochen der Wüstling. Ein rascher Blick zur Tür stellt mich aber vor ein Rätsel: Auf einer Metalltafel links neben dem Notausgang ist ein grünes Piktogramm auf gelbem Grund abgebildet.

Es zeigt ein Figürchen, das unzweifelhaft nach rechts spurtet. Darunter weist eine Hand mit gestrecktem Zeigefinger in die Gegenrichtung. Funktionaler wirkte das Türschloss, wäre dazu ein Schlüssel vorhanden.

Bringt allenfalls ein rot umrandetes Glaskästchen Klarheit und Rettung? Gehört es überhaupt zum System der notfallmäßigen Selbstbefreiung? In seiner Mitte weisen zwei Pfeile auf einen schwarzen Knopf. Er lädt zur taktilen Kontaktnahme. Womit zertrümmert man seine gläserne Abdeckung?

Inzwischen gibt die dynamische Referentin ihr Bestes: »Den typischen Alt-Heimberger-Stil erkennt man an seiner dunkelbraunen, seltener ziegelroten oder weißgelben Grundfarbe.« Vorsichtig öffnet sie eine Vitrine und entnimmt ihr eine Vase. Sie hebt sie auf Augenhöhe ins helle Licht einer Glühlampe und schwärmt: »Schauen Sie sich das mal an! Dieses wunderbare Stück wurde durch das Bemalen mit flüssiger Engobe veredelt. Anschließend wurde es mit einer transparenten Glasur überzogen. Großartig!«

Eine ahnungslose Touristin der ersten Gruppenreihe streckt die Arme aus, als hoffe sie, das Keramikgefäß persönlich in Händen zu halten. Aber weit gefehlt! Umgehend begegnet die Direktionssekretärin der subalternen Fehldeutung institutionalisierter Privilegien mit empörtem Blick.

Nach einer entrüsteten Kunstpause fährt sie fort: »Auf dem Höhepunkt der keramischen Entwicklung existierten im Raum Thun-Heimberg rund 80 Betriebe. Danach verdrängte die Einfuhr billiger Importware die heimischen Produkte.« Die Direktionssekretärin stellt die Vase an ihren angestammten Platz zurück und schließt im Tonfall einer Bestattungsbeamtin: »1920 findet die Blütezeit der Thuner Majolika ihr Ende.«

Ein solches findet die Museumsführerin hoffentlich auch bald. Ich habe mich lange genug geduldet. Gelangweilt lehne ich meine rechten Schulter gegen einen massiven Holzpfeiler und hebe den Kopf. Mein Blick bleibt an der Decke über mir an etwas hängen.

»Das darf nicht wahr sein!«, entfährt es mir.

Warum hat es bisher niemand zur Sprache gebracht? An den beiden Schmalseiten des Kellergewölbes sind versteckt zwischen dem Gebälk zwei Videokameras montiert!

Waren diese elektronischen Augenzeugen in Betrieb, als die Aufseherin bedrängt und der Krug zerbrochen wurde? Dann läge die Lösung des Falls in Griffnähe. Welche Bereiche werden von den Kameras überwacht? Wie gut ist die Qualität der Aufnahmen?

Ich muss unter allen Umständen in Erfahrung bringen, ob entsprechende Videobänder existieren und ich sie mir ansehen darf. Zwei Gründe mehr, endlich mit Eva Rechberger zusammenzutreffen.

10

Ich erklimme mit Geächzte die Sandsteinstufen zum Rittersaal, als ein zeitgenössisches Schlossfräulein an mir vorbeirauscht.

»Hallo, entschuldigen Sie!«, rufe ich hinterher.

Sie bleibt verwundert stehen. »Bitte?«

Auf dem graviertem Sticker an ihrem Busen sind Vor- und Nachname zu lesen: Eva Rechberger. Volltreffer!

»Wie kann ich Ihnen helfen?«, drängt das Mädchen und tritt von einem Bein auf das andere. Sie hat es offensichtlich eilig. Dem gängigen Schönheitsideal durchschnittlicher Gymnasiastinnen folgend, hat sie ihre lange Mähne zu skandinavischem Stroh gedroschen. Im Stirnbereich grüßt ansatzweise eine finstere, respektive brünette Vergangenheit.

»Darf ich mich vorstellen? Feller. Vermute ich richtig, dass Sie hier arbeiten?«

»Stimmt. Wie kann ich helfen?«

»Ich, ähm, also, können Sie erklären, warum der Rittersaal so leer wirkt?« Eine noch plumpere Frage ist mir beim besten Willen nicht eingefallen. Ich ziehe es vor, mich rhetorisch aus sicherer Distanz den heiklen Kellerthemen anzunähern.

Die Blondine kontert cool: »Das liegt vermutlich daran, dass dort so wenig ausgestellt wird.«

»Wurden im Rittersaal früher nicht Keramiken präsentiert?«

»Kaum. Es finden regelmäßig Bankette und Konzerte statt. Da würden Vitrinen und sperrige Objekte stören. Keramik finden Sie auf dem vierten Boden und im Kellergeschoss. Wenn Sie mich jetzt entschuldigen wollen?« Sie setzt sich in Bewegung.

»Ganz herzlichen Dank für Ihre erschöpfende Auskunft«, rufe ich ihr überfreundlich nach und ergänze leicht ironisch. »Ganz unten bin ich heute bereits mal gelandet.«

»Gut, dann haben Sie's ja hinter sich«, stellt sie etwas schnippisch fest. »Wie Sie sicher bemerkt haben, liegt der diesjährige Ausstellungsschwerpunkt auf der Burgunderbeute.«

»Das ist mir nicht entgangen, Frau Rechberger. Ich hätte dennoch eine Zusatzfrage …« Diese zu stellen, bleibt mir leider vergönnt.

Eva Rechberger unterbricht mit dem Hinweis: »Im Metallständer am oberen Ende des Treppenhauses dürfen Sie sich ein Informationsblatt schnappen. Jetzt muss ich …«

Die Gymnasiastin entschwindet aus meinem Gesichtsfeld. Wie kann ich sie dahin zurückholen? »Warten Sie bitte, Frau Rechberger!«, töne ich hinunter. »Es gibt was, das mich irritiert.«

Die Formulierung funktioniert. Evas Neugierde scheint jedenfalls geweckt. »Wovon sprechen Sie?« Die junge Aufseherin steigt ein paar Tritte zu mir herauf, bis wir erneuten Blickkontakt finden.

»Na ja. Wissen Sie, Frau Rechberger. Ich bin eigentlich hergekommen, um mir den Krug anzusehen, der Heinrich von Kleist in Thun zu seiner berühmten Komödie inspiriert haben soll. Das legendäre Stück glaube ich vor Jahren im Kellergeschoss besichtigt zu haben. Heute habe ich erfolglos danach gesucht. Können Sie mir verraten, wo ich es finde?«

»Selbstverständlich«, bejaht sie. »Nur muss ich Sie gleich in zweifacher Hinsicht enttäuschen. Erstens ist es nicht dieser Krug gewesen, der Kleist zu seinem Theaterstück inspirierte, sondern ein französischer Kupferstich von Jean-Jacques André La Veau mit dem Titel ›Le juge ou la chruche cassée‹.

Zweitens wurde die von Ihnen gesuchte Majolika kürzlich aus der Präsentation entfernt. Ich kann Ihnen immerhin bestätigen, dass besagter Krug zuvor im Kellergeschoss zu bestaunen war.«

Die Direktionsassistentin taucht aus den Untergeschossen auf, im Schlepptau eine ermattete Zuhörerschaft. Eva Rechberger scheint die Unterbrechung willkommen.

»Hallo!«, begrüßt sie ihre Kollegin erleichtert. »Mir wurde an der Kasse mitgeteilt, ich soll dich so rasch wie möglich ablösen.«

»Ciao, Eva. Gut, dass du da bist.« An die Gruppe gewandt, meint die Direktionsassistentin: »Ich darf mich von Ihnen verabschieden. Die Fortsetzung der Führung übernimmt Frau Rechberger.«

»Sie müssen mit mir Vorlieb nehmen«, ergänzt die Gymnasiastin jovial. Hofft sie, damit die fliegende Stabübergabe zu entschuldigen?

Die Besucherinnen und Besucher quittieren die Ankündigung artig mit verhaltenem Lächeln.

»Wenn Sie nichts dagegen haben, Frau Rechberger, werde ich mich Ihnen anschließen«, melde ich spontan.

»Nur zu!«, bekräftigt sie und meint munter: »Bitte, meine Herrschaften!«

Im Gehen dränge ich mich an ihre schlanke Seite und bohre penetrant: »Was genau ist mit dem Krug los?«

Entnervt hält die junge Frau kurz inne. »Er musste eben entfernt werden. Reicht Ihnen diese Auskunft nicht?« Danach lässt sie ihren Blick über die Runde schweifen, als wollte sie mich an die Anwesenheit der anderen Besucherinnen und Besucher erinnern. Die geben sich wesentlich pflegeleichter.

Ich prononciere absichtlich deutsch und deutlich. »Ja, ja, verstehe. Ich möchte halt nur erfahren, warum uns neuerdings eines der besten Sammlungsstücke vorenthalten wird.« Damit hoffe ich, eine erweiterte Zuhörerschaft zu gewinnen, die nötigenfalls für mich und mein Anliegen Partei ergreifen wird.

Genau das sucht Eva Rechberger mit ihrer Antwort

jedoch zu verhindern: »Wie ich Ihnen zuvor erklärt habe, Herr Feller, musste besagte Keramik aus restauratorischen Gründen entfernt werden.«

Ich gucke absichtlich misstrauisch.

»Die Majolika ist kaputtgegangen, um es simpel auszudrücken«, schiebt die Gymnasiastin immerhin nach.

»Der zerbrochene Krug ist erneut in die Brüche gegangen?«, paraphrasiere ich zu ihrem sichtlichen Ärger. Die Frage sorgt definitiv für Aufmerksamkeit. Ein Herr mittleren Alters, wohl extra aus der Ostschweiz hergereist, stänkert in nasalem Bariton: »Wer tut denn so was?«

Eva Rechberger errötet. »Wer den Krug zerbrochen hat, kann ich nicht sagen.«

Das lässt eine weitere Anwesende aufhorchen. Sie erkundigt sich: »Ein Geheimnis?«

11

Soll ich es wagen?

Die Befragung von Martha Rechberger könnte Aufschluss über den Einsatz der Videokameras im Schlossmuseum geben. Offiziell darf die vermutlich keine Auskunft an Außenstehende erteilen. Nachdem mich ihre Tochter aber kalt abserviert hat, erwäge ich, die Mutter am Ticketschalter auszuhorchen. Falls auch sie mit den Fakten hinter dem Berg halten sollte, wäre ich gezwungen, eigenhändig nach den Videobändern zu wühlen.

Sobald ich in den Schlosshof zurückgekehrt bin, werfe ich einen Kontrollblick zum Kassenhäuschen. Es wirkt momentan unbesetzt. Wo bleibt die Kassiererin? Im Häuschen des Häuschens?

Langsam nähere ich mich dem Schalter. Das gläserne Kundenfenster steht weit offen. Noch immer ist niemand zu sehen, auch keine weiteren Museumsbesucher. Das Terrain scheint für einen günstigen Augenblick entvölkert, einsam und verlassen. Auf der grauen Theke liegen Prospekte, Süßigkeiten und Eintrittskarten. Vor der Rückwand des engen Kabäuschens surrt leise eine Kaffeemaschine neben dem überfüllten Spülbecken.

Ich neige mich über die Schalterablage und äuge in

einen düsteren Nebenraum. Vorerst ist dort wenig zu erkennen. Sobald sich meine Augen jedoch an die Lichtverhältnisse gewöhnt haben, registriere ich ein brusthohes Wandregal. Darauf stehen acht kleine Monitore. Auf keinem einzigen flimmert momentan ein Bild.

Nach einem hastigen Blick über die Schulter drücke ich kurz entschlossen die Klinke. Die Tür ist unverschlossen. Die gut geölten Scharniere funktionieren nahezu geräuschlos. Ich trete ein, schließe die Pforte und schaffe mir einen schnellen Überblick. Welche Ausrede würde ich vorbringen, sollte ich dabei überrascht werden?

Prüfend gleiten meine Augen über die toten Mattscheiben der acht Bildschirme. Ob sie wenigstens in Betrieb waren, als Eva Rechberger belästigt wurde? Wo werden Aufnahmen abgespeichert? Etwa auf der Festplatte des Notebooks, das unter dem Regal verstaubt?

Im Hintergrund rauscht eine Toilettenspülung.

Ich flüchte aus der verbotenen Zone.

»Hat Ihnen die Ausstellung gefallen?«, erkundigt sich Frau Rechberger offensichtlich völlig ahnungslos, als ich mit Schwein bereits wieder auf dem Kopfsteinpflaster in der Sonne stehe.

»Ja, danke. Alles hübsch präsentiert«, antworte ich scheinheilig.

Befriedigt kassiert sie das Kompliment und meint: »Seit wir eine neue Direktorin haben, kommen die

Sachen viel besser zur Geltung. Auf diesem Posten war längst eine Frau fällig.«

Das nehme ich freundlich zur Kenntnis und frage: »Wer leitet denn das Museum?«

»Frau Brigitte Santschi.«

Jäh wendet Martha Rechberger den Kopf und ruft aus: »Warum steht meine Tür offen?«

Mir stockt der Atem.

Die Kassenfrau tritt ohne Weiteres vor den Türrahmen und schließt kopfschüttelnd die Pforte. Danach installiert sie sich erneut hinter dem Tresen und demonstriert ihre ungebrochene Plauderlaune.

»Übrigens, Eva hat heute doch noch eine Führung geleitet«, erzählt mir die stolze Mutter. Kokett spielt sie dazu mit dem feinen Goldkettchen, das in ihrem Ausschnitt glänzt.

»Das ist eine große Verantwortung, für so ein junges Ding«, bemerke ich anerkennend.

»Meinen Sie diese Führung?«

»Ja, die auch. Aber viel mehr noch die Bewachung der unzähligen Kostbarkeiten der Ausstellung.«

»So ist es«, pflichtet mir Martha Rechberger bei. »Glücklicherweise lastet diese Verantwortung nicht allein auf den Schultern des Aufsichtspersonals. Das Museum wird zusätzlich elektronisch überwacht.«

Ich mime den Naivling. »Oh! Bin ich jetzt auf den Bändern verewigt?«

»Bestimmt nicht. So was wird heute nicht mehr auf

Magnetbänder aufgezeichnet. Das speichern wir selbstverständlich digital.«

»Trotzdem. Jemand muss die Daten doch visionieren, bevor sie gelöscht werden? Ansonsten machte die ganze Aufzeichnerei ja gar keinen Sinn«, wende ich ein.

»Aus diesem Grund zirkuliert das Aufsichtspersonal in den Ausstellungsräumen«, klärt mich Frau Rechberger auf. »Sobald denen etwas Verdächtiges auffällt, wird es gemeldet. Danach überprüft die Chefin die Aufnahmen für den fraglichen Zeitraum gezielt.«

Unvermutet meldet sich in meinem Rücken eine Frauenstimme: »Lästern Sie über mich?« Frau Rechberger errötet und verstummt.

Die groß gewachsene Direktorin stellt eine respektable Erscheinung dar. Auf ihrem schwarzen, mittellangen Haar balanciert sie eine schmale, randlose Lesebrille wie ein Krönchen. Die Stirnfransen sind zur Seite gekämmt. Wirkungsvoll umrandet Frau Santschi ihre graublauen Augen mit einem dunkelblauen Lidstrich. Oder zeugen sie von nächtlicher Archivarbeit hinter feuchten Schlossmauern?

Entschuldigend und ziemlich kleinlaut bröselt die Kassiererin hervor: »Der Herr hat sich halt für das Video interessiert.«

»Was?«, wundert sich ihre Chefin. »Sie geben Auskunft über interne Sicherheitsvorkehrungen? Frau Rechberger, alles was recht ist!«

12

»Hanspudi, ich befürchte, mein Akku wird gleich den Geist aufgeben.«

»Verstehe. Ich halte mich kurz«, verspreche ich meinem Assistenten. »Eigentlich will ich dich nur darüber informieren, dass ich mit Eva Rechberger gesprochen habe.«

»Was ist dabei rausgekommen?«, fragt Jürg Lüthi.

»Sie ist die Tochter einer der Damen, die an der Kasse bedienen«, eröffne ich ihm.

»Interessant. Und weiter?«

Ich wechsle den Telefonhörer in die andere Hand und erkläre: »Tja. Um die Aussagen der Aufseherin einschätzen zu können, muss von zwei unterschiedlichen Annahmen ausgegangen werden. Die erste entspricht den Angaben des Mädchens und lautet: Eva wurde Opfer eines sexuellen Übergriffs.«

»Okay, Hanspudi. Denk an meinen Akku. Annahme zwei?«

»Eva Rechberger hat die Geschichte bloß erfunden.«

Es knackt in der Leitung. »Was würde das bedeuten?

»Dass sie lügt!«, stelle ich klar.

»Du zweifelst an Evas Redlichkeit?«

»Prinzipiell«, erwidere ich schonungslos.

Mein Assistent bleibt aber skeptisch. »Sollten wir nicht mal die erste Annahme überprüfen, bevor wir das Mädchen der Lüge bezichtigen?«

»Jüre, es geht nicht darum, was wir sollten, sondern einzig und allein darum, was sie könnte.«

»Bist du ernsthaft der Auffassung, dass alle denkbaren Varianten systematisch durchzuturnen sind?«

»Absolut. Nur dadurch wird vermieden, bei den Ermittlungen über eigene Vorurteile oder Voreingenommenheit zu stolpern.«

Dieser Bescheid befriedigt Jürg Lüthi offensichtlich nicht. »Hanspudi, was hätte Eva davon?«

»Das kann ich noch nicht sagen. Möglicherweise erklärte es die Tatsache, dass sowohl die Gymnasiastin als auch ihr persönliches Umfeld auf eine Anzeige bei der Polizei verzichtet haben.«

»Hanspudi. Du bist dir im Klaren, dass da Geschehnisse interpretiert werden, von denen wir nur indirekt durch Robert und Niklaus Weihermann erfahren haben?«

»Natürlich«, beschwichtige ich ihn.

»Wer garantiert uns, dass nicht der umgekehrte Fall in Betracht gezogen werden muss?«, zweifelt Jürg Lüthi. »Angenommen, der Vorfall hat sich nicht ereignet. Wer hat dann das gegenteilige Gerücht in die Welt gesetzt? Und vor allem: mit welchem Motiv?«

»Dann wäre es eine Erfindung der beiden Töpfer«, folgere ich und relativiere: »Nur kann ich schwerlich glauben, dass Niklaus seiner Freundin diese schreckliche Geschichte andichtet.«

»Nein. Er nicht«, bestätigt mein Mitdenker. »Sein Vater vielleicht schon?«

»Wozu?«, frage ich.

»Wer weiß, ob ihm Eva Rechberger als künftige Schwiegertochter überhaupt genehm wäre?«

»Was kümmerte das den Sohn?« In meinem Telefonhörer erklingt das warnende Tuten von Jürg Lüthis Handy-Akku. Ich beeile mich, meinen letzten Einwand vorzubringen. »Vergiss nicht, dass Niklaus Weihermann im Schloss war, nicht sein Vater. Robert Weihermann wird kaum so weit gehen, seinem eigenen Fleisch und Blut Lügengeschichten einzubläuen und es eigennützig zu Falschaussagen anzustiften.«

Tut, tut, tut, klingt es im Hintergrund.

Jürg Lüthi meint: »Niklaus gegenüber vielleicht nicht. Uns hingegen kann Robert Weihermann doch auftischen, was ihm beliebt.«

»Ja, aber er stellt nicht nur den Berichterstatter, sonder auch unseren Auftraggeber dar«, erinnere ich. »Wozu sollte er auf der einen Seite falsch informieren, wenn er sich andrerseits die Wahrheitsfindung etwas kosten lässt?«

»Was hältst du von der Variante, dass eine strafbare Handlung zwar stattgefunden hat, Eva sich jedoch nicht daran erinnern will oder kann, weil sie den Vorfall bewusst oder unbewusst verdrängt?«, psychologisiert Jürg Lüthi. »Das erklärte immerhin ihren merkwürdigen Filmriss, was das Signalement des fraglichen Täters anbelangt.«

Gedankenverloren zwirble ich mit Daumen und Zeigefinger ein Härchen der rechten Augenbraue. Wer mich kennt, weiß, dass ich in solchen Momenten besonders scharf nachdenke. Ist das Haar erfolgreich entwurzelt, beginnt sich oftmals auch das verhockte Problem zu lösen. Ich blicke zum Spiegel und spreche eine weitere Vermutung aus. »Vielleicht pflegt Eva heimlich einen zweiten Adam, parallel zu ihrem Niklaus?«

»Du meinst denjenigen, der sie im Museum ...?«

Bevor er den Satz beendet hat, beginnt sein Handy wild zu piepsen. Kurz darauf reißt der Kontakt abrupt ab.

Ich mache ein paar Schritte Richtung Kochnische und vermisse in diesem Augenblick eine leistungsfähige Kaffeemaschine, zusätzlich zur fehlenden Mikrowelle. Warum nur vergesse ich regelmäßig solche segensreichen Anschaffungen, kaum habe ich die Detektei verlassen? Vor der Auflösung dieses mentalen Küchenmysteriums dudelt das Telefon seine simple Melodie. Ruft tatsächlich bereits mein Assistent zurück?

»Hallo, Hanspeter!«, flötet stattdessen eine vertraute Frauenstimme.

Am Vorabend hat mir Eleonore Günther gemeinsame Ferienpläne in Erinnerung gerufen. Ich habe Ellen einmal mehr mit Ausreden vertröstet und gehofft, das Thema erfolgreich vertagt zu haben.

»Ellen, du schon wieder?«, stöhne ich uncharmant in den Hörer.

»Wo bleibt die Begeisterung?«, rügt die Holde.

»'Tschuldige, Schatz. Ich habe soeben mit Jürg Lüthi telefoniert. Etwas Dringendes. Dabei sind wir unterbrochen worden.«

»Durch mich? Wie sollte das funktionieren?«, wundert sie sich.

Ich wehre ab. »Nein, nein. Vergiss es!«

»So wie du unsere Reisepläne?«, hakt sie nach.

»Müssen wir heute darüber reden? Habe ich gestern nicht deutlich gemacht, dass Pauschalferien für mich kaum infrage kommen?«

Eleonore Günther klingt beleidigt. »Djerba war ein erster, unverbindlicher Vorschlag, Hanspeter. Wenn du dich mit Wellness-Ferien in einem 5-Sterne Hotel nicht anfreunden kannst, werde ich für uns schon eine heruntergekommene Karawanserei aufstöbern.«

»Bitte, Ellen! Ich sollte unbedingt mit Jüre in Kontakt treten. Es gibt Neuigkeiten im Fall Rechberger.«

»Ja, klar!«, tönt sie schnippisch. »Allerdings frage ich mich allmählich, ob dieser Zeitpunkt überhaupt existiert?«

»Bestimmt, Schatz«, versuche ich sie zu beschwichtigen. »Ich melde mich.«

»Gut, Hanspeter«, meint sie. »Wenn möglich noch vor Wintereinbruch. Sonst musst du mit einer bitterkalten Eiszeit rechnen. Zieh' dich warm an.« Eleonore Günther legt auf.

Ich reg' mich auf.

Hoffentlich hat sich Jürg Lüthi in der Zwischenzeit ein Ersatzgerät beschafft. Das Mobiltelefon seiner vergötterten Marie-Josette etwa oder jenes von Stefan, dem Adoptivsohn. Mein Apparat bleibt jedoch hoffnungslos stumm. Unentschlossen greife ich zur Sonntagszeitung von vorletzter Woche und konsultiere mein Horoskop: ›Mit Ihren beruflichen Ideen folgen Sie der richtigen Spur, doch die Zeit für die Umsetzung ist noch nicht reif. Nutzen Sie die nächsten Tage, um sich gut zu informieren. In der Liebe erleben Sie eine intensive Zeit, erwarten Sie vom Partner aber nicht zu viel.‹

Obschon das Zeitfenster für diese Prophezeiungen längst geschlossen ist und sich die Konstellation der Sterne seither verändert hat, überprüfe ich die situative Gültigkeit der hellsichtigen Plattitüden. Soll ich jetzt höchstpersönlich zu Lüthis nach Hause fahren? Auf das Wichtigste bin ich in der verkürzten Telefonsitzung mit meinem Assistenten nämlich überhaupt nicht zu sprechen gekommen.

13

»Merde!« Fast wäre Adam Füssli gestrauchelt. Deshalb fluchte er jetzt drauflos. Hinter ihm krachte und klirrte es gewaltig. Dessen ungeachtet, stürmte er zum Notausgang. Dort zerriss er das Siegel, drückte die Verglasung im roten Rahmen hoch und betätigte den schwarzen Knopf.

Dabei hatte vor Wochen alles so nett begonnen. Die reizende Gymnasiastin hatte sich seinen Avancen gegenüber empfänglich gezeigt. Jedenfalls schien ihm das erste Geplänkel im Schlossmuseum vielversprechend. Von da weg besuchte er Eva Rechberger in jeder freien Minute. Dass sich das Gerichtsgebäude neben dem Schloss befand, kam ihm gelegen. Dem bevorstehenden Wegzug des Amtsgerichts in ein Außenquartier sah er mit Bedauern entgegen. Würde die zarte Verbindung zwischen ihm und der Gymnasiastin auch auf Distanz halten? Fand er künftig noch Zeit und Muße, sich mit Eva zu treffen?

Heute schien der Augenblick günstig. Es waren keine weiteren Museumsbesucher im Raum. Eva Rechberger trippelte wie eine zerbrechliche Porzellanfigurine vor der Schautöpferei hin und her. Freudig begrüßte sie den Richter, als dieser im Keller auftauchte.

Er wagte einen Kuss auf ihre Lippen.

Sie ließ ihn gewähren.

Darauf schlug er vor, sich für einen Augenblick in einen der antiken Holzschlitten zu setzen.

Eva zögerte. Durften sie das?

Adam Füssli zerstreute die Bedenken, ergriff ihre Hand und zog das Mädchen in die plüschigen Polster. Hier wurde es von der Heftigkeit der richterlichen Zuneigung überrumpelt. Der Entflammte presste Evas Kopf gewaltsam nach hinten und fixierte ihren Oberkörper mit der Last seines schweren Leibes. Er keuchte vor Erregung und begann zu schwitzen wie ein Bär. Leidenschaftlich verteilte er schlabbernde Küsse über ihr ganzes Gesicht.

Als er gar versuchte, mit seiner fleischigen Zunge in ihren Schlund zu dringen, begann Eva sich entschieden zur Wehr zu setzen. Angewidert wendete sie den Kopf zur Seite. Hilfe suchend starrte sie auf das hölzerne Löwenhaupt über den hochgebogenen Kufen des knarrenden Figurenschlittens. Das geschnitzte Tier sperrte seinen roten Rachen weit auf, als wär's auch ihm zum Kotzen.

Unverhofft hallten Schritte aus dem Treppenhaus. Die Bedrängte schrie um Hilfe und vernahm darauf eine vertraute Stimme: »Eva? Bist du es?«

Sie flehte: »Niklaus, Niklaus!«

Adam Füssli ließ sich durch den Wortwechsel irritieren und lockerte den Griff um Evas Handgelenke. Diesen Moment nutzte sie, um den Peiniger abzuwehren. Er konterte den Schlag mit einer ruckartigen Schutzbewegung. Die hatte wiederum zur Folge, dass sich sein künstliches Stirnhaar in den Fängen des Mädchens verfing.

»Eva, ich helfe dir!«, versprach Niklaus Weihermann, während er heranstürmte und den Richter zur Flucht zwang. Füssli gab Fersengeld. Sein Freiersglück lag in Scherben.

14

Tatsächlich bin ich mit meinem ferrariroten Moped bei Jürg Lüthi vorgefahren. Dieser persönliche Hausbesuch liegt mir mindestens so am Herzen wie auf dem Magen. Denn, wie zuvor erwähnt: Bei unserem letzten Telefonat habe ich das Wichtigste noch gar nicht vorgetragen. Umso eindringlicher bitte ich meinen Assistenten jetzt im Korridor seiner Vierzimmerwohnung um Anhörung und Verständnis. Auf dem Boden liegen verknotete Sneakers, ein Paar schwarze Herrenschuhe im Casual-Chic und Marie-Josettes glanzlackierte High Heels. Ich stehe kurz davor, mich mitten im disparaten Schuhwerk auf die Knie zu werfen.

»Tu es, bitte!«, beschwöre ich ihn.

Jürg Lüthi kommt mein Anliegen aber höchst ungelegen. »Hanspudi, warum erledigst du das nicht selbst?«

Ausführlich habe ich meinem Assistenten von den Überwachungskameras im Schlossmuseum berichtet und dem Plan, die heiklen Aufnahmen zu ›organisieren‹. Ich habe mir die Auftragserteilung einfacher vorgestellt. Immerhin verkörpere ich Jürg Lüthis Arbeitgeber. Mein Mitarbeiter soll sich in das Kassenhäuschen des Museums schleichen, um dort die Dateien vom

Laptop auf einen USB-Stick zu kopieren. Mehr nicht. Eine kurze Sache, eine entscheidende Mission.

»Keinesfalls kann ich den Job persönlich übernehmen«, erkläre ich Jürg Lüthi. »Ich bin im Schloss inzwischen bekannt wie ein bunter Hund. »Welche Notlüge sollte ich vorbringen, falls mich eine Kassiererin, eine Aufsichtsperson, die Assistentin oder gar die Direktorin auf frischer Tat ertappen?«

»Verstehe«, pflichtet Jürg Lüthi halbherzig bei. »Verrate mir bloß, was ich in so einem Notfall ins Feld führen könnte.«

»Nichts«, beschwichtige ich ihn. »Du wirst in keine vergleichbare Situation hineingeraten. Verlass' dich auf mich.«

»Genau das fällt mir schwer«, ätzt mein Assistent. Wie soll ich unerkannt in die Hütte einsteigen, wenn die Kassenfrau unverrückbar auf ihrem Sessel thront?«

»Ich werde eine gehbehinderte Person mit dem Rollstuhl auf den Schlossberg schieben. Dann bitte ich Martha Rechberger, uns den ebenerdigen Notausgang zu öffnen. Sie wird für ein paar Minuten die Alarmanlage außer Betrieb setzen und den Posten verlassen.«

Der designierte Einbrecher wägt vorsichtig ab »Ich soll also für die Detektei Feller Hausfriedensbruch begehen und die Entwendung riskieren?«

»Quasi«, bestätige ich leicht verlegen.

»Danke für das Vertrauen, Hanspudi. Eine letzte

Frage: Wie und wo kommst du zum gehbehinderten Komplizen?«

»Das dürfte das kleinste Problem darstellen«, beschwichtige ich ihn. »Ich fahre direkt in das Übergangsheim Alpenruh und verspreche einer betagten Person einen begleiteten Ausflug.«

Jürg Lüthi grinst. »Könnte man dir das nicht als Entführung ankreiden?«

»Quatsch. Ich bin mit der Heimleiterin persönlich bekannt.«

»Hm«, tönt er und schiebt die Unterlippe nach vorn.

Ich dränge auf eine Entscheidung: »Bist du dabei?«

»Okay«, antwortet Jürg Lüthi.

Sein zögerliches ›OOOkaaay‹, mit verdächtig weichem K in der Mitte, lässt Zweifel offen. Darum insistiere ich: »Ja oder nein?«

»Ja«, bekräftigt er und fragt wie ein amerikanischer Serienheld: »Wann soll die Party steigen?«

»Übermorgen. Für Morgen habe ich bereits andere Pläne.« Vielsagend füge ich an: »Mit Ellen.«

Will das Jürg Lüthi überhaupt wissen?

Da raschelt es an seiner Wohnungstür und Marie-Josette kehrt heim. Sie trägt ein todschickes, eng geschnittenes Etuikleid mit gewagtem Dekolleté. Sie wirkt wie die jünger Schwester von Hillary Clinton und stellt eine weiße Einkaufstüte der Buchhandlung Krebser auf den Garderobeschrank.

»Schön dich zu sehen!«, begrüßt sie mich herzlich und verteilt ihre drei obligaten Wangenküsschen. »Seid Ihr euch einig geworden?«

Marie-Josette kann eigentlich gar nicht wissen, was wir soeben verhandelt haben. Ich komme Jürg Lüthi daher zuvor und lenke mit der neugierigen Erkundigung nach ihren Einkäufen ab. »Hast du dir ein Buch gekauft?«

»Ach so, ja«, bestätigt Lüthis Schatz und holt die Einkaufstüte von der Ablage herunter. »Ein algerischer Autor. Er könnte dich auch ansprechen, Hanspeter«, vermutet Marie-Josette. Sie zieht einen Roman von Yasmina Khadra aus der Tüte: Die Sirenen von Bagdad.

Ausgerechnet in diesem Augenblick nähert sich draußen auf der Gwattstrasse ein Rettungswagen mit schrillem Martinshorn. Jürg Lüthis Sirene nutzt die Gelegenheit, um mit verführerischem Hüftschwung in die Küche zu entschwinden.

15

Es ist soweit. Die prächtige ›Blümlisalp‹, das einzig verbliebene Dampfschiff auf dem Thunersee, eröffnet anfangs April die Saison.

Der nostalgische Zweideck-Salon-Raddampfer aus der Belle-Epoque ist gut besetzt. Nach zwei durchdringenden Hornstößen legt der imposante Kahn pünktlich ab. In majestätischer Gelassenheit gleitet er durch den Schiffskanal Richtung See. Die meisten Passagiere haben sich ihre Sitzplätze bereits gesichert. An Bord macht sich entspannte Vorfreude breit. Die Rundfahrt verspricht fünf Stunden kulinarische Abwechslung, Aus- und Einblicke in Chalets und Villen der Uferpartie und jede Menge frische Seeluft.

Überraschend entsteht backbord ein Gedränge. Das Schiff verlässt soeben den Kanal, wo sich linkerhand eine kleine Insel befindet. Darauf hatte sich einst der Dichter Heinrich von Kleist ein Haus gemietet.

Im Frühjahr vor der großen Schneeschmelze, wenn der Wasserpegel noch niedrig steht, ragt an der Südspitze der Kleistinsel eine schmale, steinige Uferpartie aus dem See. Dort nächtigen weiße Höckerschwäne. Jetzt recken sie ihre langen Hälse und schlagen aufgeregt mit den Flügeln.

Eleonore Günther ist zur Reling des hinteren Freidecks geeilt. »Hanspeter, komm' rasch her!«

Ich erhebe mich eher widerwillig. Vorsichtshalber lasse ich den gerollten Taschenschirm als Reservationsmarke auf unserer Sitzbank liegen.

Meine Begleiterin streicht sich eine Haarsträhne aus der Stirn und weist zur Insel: »Ich befürchte, dort drüben liegt ein Mensch!«

Ich kneife skeptisch die Augen zusammen. »Ist vielleicht nur Schwemmholz?«

»Bestimmt nicht, Hanspeter. Das ist eine Wasserleiche.«

»Ach was! Allenfalls pennt einer seinen Rausch aus.«

»Am Ufer? Wie hätte er dort hingelangen können?«, zweifelt sie.

»Über den schmalen Steg, der von der Aarehalbinsel hinüberführt«, gebe ich zur Antwort.

»Ausgeschlossen. Der Zugang ist mit einem Metallgitter versperrt. Das müsste dir eigentlich bekannt sein, Hanspeter«, tadelt die Holde. »Unerwünschte Besucher bleiben von der Kleistinsel ausgesperrt.«

Ich nicke und schiele zu unseren Sitzplätzen zurück. Mist! Sie sind bereits von drei indischen Touristen belegt worden. Und wo ist mein schöner Schirm hingekommen?

Eleonore Günther sperbert noch immer besorgt zur entschwindenden Dichterinsel.

Ich beschwichtige meine Begleiterin mit der zweideutigen Ankündigung: »Wenn dort drüben tatsächlich ein Toter liegt, steht er morgen im Tagblatt.« Darauf schreite ich entschlossen auf die Inder zu. »Hallo! Where is my …?«

Eleonore Günther hat mich eingeholt. »Hanspeter, mach' kein Theater. Lass' die Leute sitzen«, rät sie.

Ich und Theater? »Sag' mir lieber, was Regenschirm auf Englisch bedeutet!«, fahre ich sie an.

»Umbrella«, antwortet Eleonore prompt.

Ich wende mich erneut an die Inder. Als ich im Begriff bin, den angelsächsischen Brocken auszuspucken, hält mir einer der Platzdiebe lächelnd den gerollten Schirm entgegen. Wortlos nehme ich ihn an mich und übersehe großmütig den Umstand, dass wir unsere windgeschützte Ecke dennoch losgeworden sind.

Heimatlos schlendern wir über das Oberdeck. Bevor das Schiff vor der Gemeinde Hünibach angelegt hat, sind Eleonore und ich im geschlossenen Salon der ersten Klasse fündig geworden. Unsere neuen Plätze liegen jetzt sogar in Fahrtrichtung. Glücklicherweise ist der historische ›Rauchsalon‹ längst rauchfrei.

Ein korpulentes Weibsbild betritt den Fumoir. Es pflanzt sich vor uns hin und schnarrt: »Da finde ich auch noch Platz, oder?«

Ich weise freundlich auf die freie Bank vis-à-vis und kontere: »Dort drüben wäre alles frei.«

Die Angesprochene mault: »Ich fahre lieber vorwärts«, und lässt sich wie ein Sandsack in die knapp bemessene Lücke zwischen mir und der Schiffswand plumpsen. Die Planke zu ihrer Rechten hält dem Druck stand. Mein Sitzfleisch hingegen wird um mehrere Zentimeter verdrängt. Widerwillig gebe ich eine Fingerbreite dazu und vermeide so weiteren Körperkontakt.

Der Sandsack knirscht: »Dorli wird sich auf die andere Seite setzen.«

Keine Ahnung, von wem die Rede ist. Ich schnöde dennoch: »Vielleicht möchte Dorli ebenfalls vorwärts reisen?«

Verwirrt mustert mich die Kritisierte und wehrt ab: »Nein, nein. Ihr macht es nichts aus.«

Mit hochgezogenen Augenbrauen signalisiert mir Eleonore Günther die Deeskalation und beendet den Disput um den multiplikativen Effekt zwischen optimierter Sitzordnung und idealer Fahrtrichtung.

Eine herausgeputzte Dame mit breitrandigem Strohhut setzt sich kurz danach auf die freie Holzbank gegenüber. Ist es Dorli? Ich gebe mich demonstrativ desinteressiert und kümmere mich ausschließlich um meine charmante Begleitung. Sie schwärmt vom umwerfenden Erfolg der Neueinspielung der ›Thuner-Sonate‹ von Johannes Brahms. Sie habe ihr CD-Label aus den roten Zahlen gehievt, rühmt die Geschäftsfrau.

Danach schmieden Eleonore Günther und ich Ferienpläne für kommenden Sommer.

Das Schiffshorn dröhnt und kündet die nächste Station an. Am Quai drängelt eine Meute rüstiger Senioren, bewaffnet mit Walkingstöcken und Halbtax-Abonnementen. Das Platzproblem an Bord wird sich zuspitzen, da deutlich mehr Leute zu- als aussteigen. Hoffentlich stoppt Kapitän Noah diese Einschiffung, bevor die Arche zu sinken droht.

Die Zeit verrinnt in der weiß schäumenden Fahrrinne des beflaggten Hecks. Die ›Blümlisalp‹ führt uns zu den Ländten Spiez, Oberhofen, Gunten, Merligen und Beatenbucht. Blühende Kirschbäume zieren die Ufer. An den Voralpen glitzert der Frühlingsschnee in der Nachmittagssonne. Auf der Walalp widersetzt sich der Jakobsfleck chancenlos der schmelzenden Wärme.

Als wir gegen 14.30 Uhr in den heimischen Schiffskanal einfahren, gewinnt das Thema der mutmaßlichen Wasserleiche plötzlich wieder an Brisanz. Eine Vielzahl von Uniformierten wieselt nämlich auf der Kleistinsel herum. Das Gittertor zum Inselsteg steht jetzt sperrangelweit offen. Davor parken mehrere Polizeiautos. Den dunkelgrauen Leichenwagen mit den sichtgeschützten Scheiben habe ich im ersten Augenblick beinahe übersehen.

16

Der Leiterin des Alters- und Pflegeheimes Alpenruh habe ich vorgestern mein Angebot unterbreitet.

»Ich wäre bereit, einen Bewohner oder eine Bewohnerin Ihrer Institution einen Nachmittag lang auszuführen.«

Frau Ingeborg Hadorn hat die Idee begrüßt und versprochen, sich nach Interessenten umzusehen. Es werde sich rasch jemand finden, der für Abwechslung dankbar sei, meinte sie am Telefon.

Nun stehe ich ungeduldig im Entree des Heims und erwarte mein Opfer. Aus dem Hintergrund dudelt Ländlermusik von ›Oesch's die Dritten‹. Es duftet nach Lavendel. Schätzungsweise ein lang anhaltendes Synthetikparfum als Sofortfrische aus der Spraydose. Mein WC riecht ähnlich.

Nach wenigen Minuten wird eine betagte Mutti im Rollstuhl hereingefahren. »So, Frau Gäggeler«, flötet Frau Hadorn. »Das wäre der Herr Feller. Er macht mit Ihnen einen schönen Ausflug.«

Die Alte ist beinmager und spindeldürr. Das schlohweiße Haar wurde ihr zur pflegeleichten Kurzhaarfrisur gestutzt. Sie trägt einen hellblauen Jogginganzug und graue Filzpantoffeln. Mit der rechten Hand umklammert sie ein kariertes Schnupftuch. Damit wischt sie sich alle paar Augenblicke zittrig über den schmallippigen Mund.

Frau Gäggeler starrt mich misstrauisch an und brabbelt: »Wer bist du?«

Der gemeinsame Wackel wird nicht einfach werden, befürchte ich. Ich neige mich zur Greisin hinunter und wiederhole deutlich meinen Namen. »Feller. Wir gehen zusammen in die Stadt.«

»So«, meint die Angesprochene kurz angebunden.

»Ja, Frau Gäggeler, in die Stadt«, bestätigt Frau Hadorn.

Hier ist Geduld am Platz. Jürg Lüthi erwartet uns auf dem Schlossberg glücklicherweise erst in einer halben Stunde.

»Gemeinsam besuchen wir das Schloss. Kennen Sie es?«, will ich wissen, um das Gespräch aufrecht zu erhalten und den baldigen Abmarsch einzuleiten.

»Ja, ja«, antwortet die Rentnerin wenig begeistert.

»Dort schauen wir uns die Ausstellung an«, verspreche ich weiter. Das erweist sich als Fehler.

Die Alte lehnt kurzerhand ab. »Nichts da. Keine Ausstellung.«

Ihr Widerstand kommt unerwartet und ungelegen.

Frau Gäggeler wiederholt sich. »Nicht in das Schloss ...«

Ingeborg Hadorn fällt ihr ins Wort. »Herr Feller ist speziell für Sie hergekommen.« Ihr anfänglich milder Tonfall hat eine Färbung ins Bedingungslose angenommen.

»Ich gehöre nicht ins Museum«, betont die renitente Seniorin.

Offenbar habe ich ihren Willen unterschätzt. »Wo möchten Sie denn hin, Frau Gäggeler?«, erkundige ich mich, um meine momentane Ratlosigkeit zu überbrücken.

Sie fordert klar und deutlich: »Ich will aufs Schiff!«

Ich werfe einen verstohlenen Blick auf eine Wanduhr. Wir verlieren mehr Zeit als eingeplant. Notgedrungen willige ich ein: »Gut, wir gehen zusammen aufs Schiff.«

Frau Gäggeler strahlt.

»Zuvor zeige ich Ihnen noch die schönen Krüge im Museum.«

Ihre Miene verdüstert sich schlagartig.

Frau Hadorn weibelt umsonst. »Das ist eine wundervolle Idee: Zuerst das Schloss, danach das Schiff.«

Zu spät. Die Alte hat das Feilschen um den Zielort satt. Sie erklärt kurz und bündig: »Ich bleib' hier!«

Der Datenklau scheint unter keinem guten Stern zu stehen, wenn bereits der erste Punkt des Plans zu scheitern droht. Eine rasche Lösung muss her!

Während Frau Gäggeler herumzickt, tickt vor dem Eingang des Alpenblicks der Zähler des bestellten Behindertentaxis.

»Ich bleib' da!«, meckert Frau Gäggeler erneut.

Ingeborg Hadorn beschwichtigt: »Der nette Mann kommt sicher ein anderes Mal wieder her, nicht wahr, Herr Feller?«

»Nur, wenn Sie mir heute einen Rollstuhl mitgeben«, erwidere ich, einer spontanen Idee folgend.

»Wozu …?«, zögert die Heimleiterin.

»Ich werde den Stuhl unbesetzt auf den Schlossberg schieben«, behaupte ich und stelle mir den verwunderten Gesichtsausdruck des Taxifahrers vor. Meine wahren Absichten bleiben ein Geheimnis. Wird die Ankündigung eines vorgegaukelten Narrengangs die Rentnerin umstimmen?

Jedenfalls lenkt Frau Hadorn mit Augenzwinkern ein. »Dann machen wir es so: Sie bleiben bei uns, Frau Gäggeler, und Herr Feller kriegt seinen Stuhl. Stellen Sie sich vor, wie er den ganz ohne Sie ausfahren wird. Schade, schade!«

Während die Alte das Schnupftuch vor den Mund hält, wieselt die Heimleiterin davon. Sie entnimmt einer Seitenkammer ein klappbares Gerät und übergibt es mir mit vielsagendem Schmunzeln.

Ich bedanke mich und eile zum wartenden Transportfahrzeug. Aus der Tiefe des Korridors glaube ich, ein hinterhältiges Kichern von Frau Gäggeler zu hören.

Während der Taxifahrer den Stuhl im Kleinbus verstaut, zücke ich das Mobiltelefon und wähle die einprogrammierte Nummer meines Assistenten.

»Jüre, ich werde mich etwas verspäten!«

»Bist du wenigstens fündig geworden?«, fragt er.

»Nein, es hat nicht funktioniert.«

»Warum?«, wundert sich Jürg Lüthi.

»Die Auserwählte hat sich mir verweigert«, verkünde ich lakonisch und frage: »Wo finde ich dich?«

»Noch zu Hause. Aber ich starte gleich los«, verspricht Jürg Lüthi.

»Nein, warte!«, interveniere ich. »Wir müssen erst eine Neubesetzung für den Rollstuhl organisieren.«

»Was? Eine Karre hast du dabei?«, wundert sich der Mitarbeiter.

»So ist es«, bestätige ich und erkundige mich zögerlich: »Ähm, ist zufälligerweise Marie-Josette da?«

»Klar«, bestätigt Jürg Lüthi. »Wozu?«

»Ich habe mir gedacht, vielleicht könnte sie ...«

Er unterbricht mich: »Hanspudi! Du erwartest nicht ernsthaft, dass ich meine kerngesunde Ehefrau in den Rollstuhl zwinge und zur eingebildeten Kranken degradiere?«

»Eigentlich schon«, gebe ich kleinlaut zu. »Wo kriegen wir ansonsten auf die Schnelle eine Zweitbesetzung her?«

»Das kannst du vergessen!«

Aus dem Hintergrund sind Stimmen zu vernehmen. Hat sich Marie-Josette persönlich eingemischt?

»Jüre, bist du noch dran? Hallo?«

Offenbar wird hitzig diskutiert. Jürg Lüthis entschiedenes ›Nein‹ ist unüberhörbar. Habe ich einen Familienstreit entzündet?

Nach einer Weile meldet sich mein Assistent zurück: »Ehrlich gesagt, Hanspudi, finde ich es keine gute Lösung.«

»Die mit Marie-Josette …?«, frage ich unsicher nach.

»Sowieso. Die andere ist nicht viel besser. Aber ich seh's ein: Wir müssen sofort handeln!«

»Das heißt?«

»Stefan stellt sich zur Verfügung.«

»Super!«, frohlocke ich. Ich kenne Jürg Lüthis Adoptivsohn von unserer gemeinsamen Reise nach Krakau. Er wird der Rolle im Rollstuhl gewachsen sein.

17

Als ich im Taxi den Schlossberg erreiche, erwarten mich die beiden Komplizen auf dem Parkplatz.

Gleich werden wir uns strafbar machen. Jürg Lüthi wird den heiklen Part übernehmen. Gemeinsam mit seinem Sohn, werde ich ihm den Rücken freihalten.

Der Chauffeur entlädt den zusammengeklappten Rollstuhl und streicht ein großzügiges Trinkgeld ein. Umgehend zieht er Leine. Stefan wirft sich unaufgefordert in das verchromte Möbel.

»Vorsicht! Das Ding muss unversehrt retourniert werden«, mahne ich.

»Offenbar kein Downhill-Modell«, mault der Schnösel.

»Alles klar?«, vergewissere ich mich, ohne auf seine Bemerkung einzugehen.

Jürg und Stefan Lüthi nicken synchron.

Die Aktion Datenklau kann starten!

Ich ziehe mit dem eingebildeten Kranken los. Mein Assistent wird in wenigen Minuten folgen. Der Rollstuhl rumpelt über die Unebenheiten des Kopfsteinpflasters und der Passagier meckert: »Aua! Pass doch auf, Hanspudi, du fährst mich noch zum Krüppel!«

»Gib Ruh!«, schnauze ich angespannt zurück, während ich ihn durch den Torbogen der Schlossmauer kutschiere.

Jäh endet die Schussfahrt im Innenhof. Entgegen meiner Erwartung windet sich vor dem Kassenschalter des Museums eine lange Schlange geduldiger Touristen.

»Verflixt!«, schimpfe ich.

Es wird nichts anderes übrig bleiben, als Stefan vor das Kellertor zu schieben und mich bei den Wartenden brav hinten anzustellen. Dadurch wird allerdings unser Zeitplan über den Haufen geworfen.

»Du bleibst da, ich stell mich an!«, orientiere ich Stefan kurz angebunden.

»Umgekehrt wäre blöder«, mault der Junge, hält dazu den Kopf in Schräglage und wedelt mit den Armen spastisch in der Luft.

»Hör auf damit!«, zische ich warnend.

Das Söhnchen scheint sich hingegen so richtig in die Rolle hineinzusteigern. Zu allem Überdruss beginnt er jetzt zu singen: »La, la, la.« Rhythmisch wippt er dazu mit dem Oberkörper. Wartende wenden verwundert ihre Köpfe. Kippt wegen Stefan Lüthis Schmierenkomödie unsere Aktion in eine Tragödie?

Ich verpass ihm einen kräftigen Klaps an den Hinterkopf.

»Aua!«, jammert der Geschlagene, worauf sich ein Herr in beiger Wanderjacke einmischt: »Was tun Sie denn da? Sie schlagen den armen Bub?«

Ich beschwichtige mit der fadenscheinigen Ausrede: »Nur zum Spaß.«

»Danach hat es ganz und gar nicht ausgesehen«, entgegnet der Aufgebrachte.

»Doch, doch. Der Junge ist bloß etwas aufgeregt. Er freut sich auf den Museumsbesuch.« Dazu lächle ich mit himmlischer Milde. Innerlich weise ich den Einmischling kurzerhand aus dem Land.

Glücklicherweise taucht in dem Moment Stefans Vater auf. Er reagiert perfekt und stoppt scheinbar interessiert vor einer Plakatwand mit Konzerthinweisen.

Die Warteschlange zieht allmählich den Schwanz ein und die erwartungsvollen Besucher erklimmen die steile Treppe zum Haupteingang.

Endlich bin ich an der Reihe. »Guten Tag, Frau Rechberger«, grüße ich die Kassiererin betont locker.

Sie gibt vor, sich an mich zu erinnern. »Ach ja, der Herr …«

»…Feller«, helfe ich nach.

»Natürlich, der Herr Feller. Schön, besuchen Sie uns wieder«, säuselt sie.

»Ich habe eine kleine Bitte, Frau Rechberger. Ich bin mit einem gehbehinderten Jungen da. Wären Sie so freundlich, uns den Notausgang zu öffnen?«

»Selbstverständlich. Einen Augenblick bitte.« Sie erhebt sich und verlässt, wie erhofft, ihr Kabäuschen. Dann zückt sie jedoch unerwartet einen Schlüssel und verriegelt hinter sich die Tür. Das habe ich nicht bedacht. Ihr Schlüssel kommt in meinem Plan nicht vor. Perplex fixiere ich den verschlossenen Eingang.

Jürg Lüthi hat sich in der Zwischenzeit in die öffentliche WC-Anlage zwischen den Plakatwänden verkrochen und äugt von dort gespannt durch ein Lüftungsgitter. Kaum ist Frau Rechberger im Notausgang verschwunden, verlässt er seinen Warteposten. Er hastet den Innenhof hoch und hechtet ohne zu zaudern über die Theke des offenstehenden Schalters. Welcher Einbrecher benötigt schon eine unverschlossene Tür?

»Folgen Sie mir!«, bittet Frau Rechberger aus dem Keller.

Ich schiebe Stefan Lüthi durch die Parterretür in das Museum. »Danke, Frau Rechberger. Wir machen nicht lange. Wenn Sie vielleicht warten wollen?«

»Nein, unmöglich«, lehnt sie ab. »Ich muss zur Kasse zurückkehren. Falls sich Kundschaft davorstellt.«

Ich will Frau Rechberger unbedingt aufhalten. Jürg Lüthi benötigt bestimmt mehr Zeit. Bereits hat sich die pflichtbewusste Angestellte von uns abgewandt und droht zu verschwinden.

»In Ordnung, ich werde Sie rufen, sobald wir hier fertig sind, lenke ich zum Schein ein.

Sie winkt ab. »Nicht nötig. Das zeigt mir der Monitor im Kassenhäuschen. Ich schließe den Notausgang, sobald Sie das Museum verlassen haben.«

Ich stottere: »A-A-Augenblick, Frau Rechberger. Eine kleine Ungewissheit wäre da noch.«

Immerhin bleibt sie darauf im Türrahmen stehen.

Ich suche nach einem Vorwand. »Fehlt in der Vitrine neben dem Notausgang nicht der legendäre Kleist-Krug?«

Die Kassiererin bemerkt anerkennend: »Sind Sie aber ein aufmerksamer Besucher, Herr Feller! Bisher ist das niemandem aufgefallen. Es stimmt. Er wurde kürzlich aus der Präsentation entfernt«, bestätigt sie.

»Schade. Warum hat man ausgerechnet dieses prominente Stück weggestellt?«

»Der Veduttenteller, der es ersetzt, ist doch auch ganz wundervoll«, behauptet sie. »Herr Feller, ich muss mich nun wirklich entschuldigen. Ich darf die Kasse nicht länger unbewacht lassen. Zudem hat sich Ihr Junge inzwischen selbstständig gemacht.«

Tatsächlich. Stefan hat während unseres Gesprächs begonnen, die Ausstellung auf eigene Faust zu erkunden. Er kurvt auf den Fliesen herum und beäugt die Exponate.

Vor den Stufen zur Empore bremst er sein Gefährt und fragt: »Würde mir jemand hinaufhelfen?«

Ich zweifle, ihn allein hochstemmen zu können. »Frau Rechberger. Dürfen wir Ihre Hilfsbereitschaft erneut strapazieren?«

Sie stöhnt wenig überzeugend und willigt contre coeur ein. »Beeilen wir uns!«

»Cool!«, frohlockt der Junge. »Danke, Frau Rechberger.«

»Treppab wird Ihnen bestimmt einer der andern Besucher behilflich sein«, meint sie entschuldigend.

Ob Jürg Lüthi inzwischen die Daten gefunden hat?

18

»Uff, das war knapp!«, gesteht Jürg Lüthi.

»Hauptsache, es hat geklappt«, finde ich.

Für die Rückfahrt vom Schlossberg verzichten wir auf ein Taxi. Der zusammengeklappte Rollstuhl wird im Kofferraum des Fiats verstaut. Stefan setzt sich auf die Rückbank, ich finde auf dem Beifahrersitz Platz und mein Assistent gibt hinter dem Steuer Gas. Wir brausen los. Das Bremspedal wird bis zur Einfahrt in die Hauptstrasse nicht beansprucht.

Im Lauitorkreisel verkündet Jürg Lüthi endlich: »Ich hab's.«

»Super! Gut gemacht!«, lobe ich meinen Assistenten. An den Junior gewandt differenziere ich: »Obschon du mich anfänglich ziemlich auf die Palme gebracht hast, Stefan.«

»Easy. Du weißt, wer auf so was steigt«, erfrecht sich der Lümmel.

Jürg Lüthi konzentriert sich derweil auf den Verkehr. Wir sind mit übersetzter Geschwindigkeit unterwegs. In der Freienhofgasse ermahne ich den Rennfahrer zur Mäßigung: »Piano, piano! Wir sollten nicht ausgerechnet heute eine Unfall bauen.«

»Okay«, meint er trocken und schwenkt zum Maulbeerplatz.

»Lass' mich hier aussteigen«, schlage ich vor. »Ich kehre via Brahmsquai heim.«

Auf der gedeckten Schleusenbrücke werfe ich Minuten später einen beiläufigen Blick in die schäumende Gischt der Aare. Dabei fallen mir hölzerne Trümmer auf, die in einer Wasserwalze rotieren. Bei genauerem Hinsehen gewinne ich den Eindruck, dass es sich dabei um Überreste eines Weinfasses oder eines Bootes handeln könnte. Ich beschließe, Hauptmann Anton Geissbühler über meine Beobachtung zu informieren.

Bei der Kantonspolizei Bern meldet sich ein Fräulein.

»Guten Tag. Feller am Apparat. Können Sie mich bitte mit Herrn Geissbühler verbinden?«

Die Stimme bleibt die Antwort schuldig und fährt ohne Weiteres fort: »Leider können wir Ihren Anruf zurzeit nicht entgegen nehmen. Versuchen Sie es später wieder oder hinterlassen Sie nach dem akustischen Signal eine Nachricht. In dringenden Fällen wählen Sie bitte die Nummer 117 oder 033…«

Ich häng' auf, bevor die zweite Zahlenkombination vollständig bekannt ist. Für so dringend halte ich meine Feststellung auf der Schleusenbrücke auch wieder nicht. Dennoch bin ich leicht frustriert, von einem Anrufbeantworter hingehalten worden zu sein. Glücklicherweise steckt mir in diesem Augenblick kein Dolch im

Rücken. Riefe ich mit letzter Lebenskraft um Hilfe, sorgte die umständliche Bandansage für tödliches Nervenflattern.

Ich äffe die Bandansage nach und spreche halblaut vor mich her: »Für Hilfe in deutscher Sprache drücken Sie bitte die Taste 1, für Hilfe in französischer Sprache drücken Sie bitte die Taste 2, für Hilfe …« Die Schweiz ist bekanntlich viersprachig. »Wenn Sie bestohlen wurden, drücken Sie bitte die Taste 5. Falls Sie sich über eine Lärmbelästigung beschweren wollen, schließen Sie bitte die Fenster. Wurden Sie ermordet, lassen Sie sich ein Auge zudrücken.«

Ich beschließe, ganz auf den Anruf zu verzichten und dem Polizeihauptmann stattdessen eine E-Mail zu schicken.

Sehr geehrter Herr Geissbühler,

Ich erlaube mir, Sie auf eine Beobachtung hinzuweisen, die möglicherweise mit dem Leichenfund auf der Kleistinsel im Zusammenhang steht. Wie ich gestern der Presse entnommen habe, geht die Polizei davon aus, dass es sich beim Toten um den vermissten Ruderer des Seeclubs Thun handeln könnte.

Nun habe ich heute Mittag bei der oberen Aareschleuse eine größere Ansammlung von Holztrümmern gesichtet. Nähere Abklärungen würden Aufschluss dar-

über geben, ob es sich allenfalls um Überreste des vermissten Bootes handelt.

Mit freundlichen Grüßen,
Hanspeter Feller, Privatdetektiv.

Kurz bevor ich den Button ›senden‹ anklicke, kommen Zweifel auf. Ist der Trümmerfund der Polizei nicht längst bekannt? Könnte Hauptmann Anton Geissbühler den Eindruck gewinnen, dass ich mich bei ihm auf plumpe Art in Erinnerung zu rufen trachte? Zugegebenermaßen wäre ich an einer Zusammenarbeit interessiert.

Ich spediere die E-Mail zu den Entwürfen und überlege es mir nochmals.

19

So hatte es sich Adam Füssli nicht vorgestellt. Das Tête-à-Tête mit Eva Rechberger hatte einen denkbar unglücklichen Verlauf genommen. Daran war nur dieser Trampel schuld, der unerwartet im Treppenhaus aufgetaucht war.

Nachdem der Richter das Museum überstürzt verlassen musste, schlich er verstört und aufgewühlt ins Amt zurück. Adam Füssli hoffte inbrünstig, dabei ausnahmsweise weder der Sekretärin noch dem Gerichtsschreiber über den Weg zu laufen. Eine Begegnung hätte nämlich unweigerlich für unliebsame Aufmerksamkeit gesorgt. In seinem Haupthaar klaffte eine auffallend große, kahle Lücke. Er hatte in der Hitze des Gefechts sein Toupet verloren. Adam Füssli wagte nicht, umzukehren und selbst nach dem Skalp zu suchen. Glücklicherweise besaß er ein Ersatzteil. Dieses verwahrte er in einer unscheinbaren Hutschachtel im privaten Büroschrank. Es kam immer dann zum Einsatz, wenn das andere Haarteil zum Waschen und Frisieren fachkundigen Coiffeurhänden anvertraut wurde.

Vor dem Spiegel erneuerte Adam Füssli den ekligen Klebstoff auf der polierten Stirn. Danach fixierte er mit dem linken Zeigefinger am vorderen Rand seiner Glatze ein hautfarbiges Grundgewebe. Sorgfältig pappte er das eingeknüpfte Echthaar mit der rechten Hand auf die kahle Partie. Abschließend bürstete er das fremde in das eigene Haar, um so die Übergänge zu verwischen. Adam Füssli musterte sich im Spiegelglas. Er senkte den Kopf, hob die Augenbrauen, und rollte die Lippen nach innen. Jawohl, der Pelz saß!

Mit lautem Ächzen lehnte sich er in seinem multifunktionalen Chefsessel zurück, der weit beweglicher war sei als sein Besitzer. Kaum versank sein Hintern im weichen Sitzleder, packte den Richter quälende Unruhe. Was würde Eva Rechberger jetzt unternehmen? Würde sie den Zwischenfall der Direktorin melden? Musste eine Anzeige bei der Polizei befürchtet werden? Würde Martha Rechberger ins Vertrauen gezogen werden? Und wie würde die Mutter wohl reagieren, falls sie von den Schwierigkeiten ihrer Tochter erführe?

Sorge bereitete Adam Füssli auch der Störenfried. Um wen handelte es sich dabei? Einen Anhaltspunkt lieferte der Vorname, der von Eva Rechberger gerufen worden war: Niklaus.

Der Richter beabsichtigte, nichts unversucht zu lassen, den unliebsamen Zeugen ausfindig zu machen.

In erster Linie musste aber das Toupet wiederbeschafft werden! Ob es noch zwischen den Scherben lag? Adam Füssli beschloss, sich umgehend um diese Angelegenheit zu kümmern.

Auf seine Art und Weise, versteht sich.

20

Ein verzweifelter Anrufer klagt: »Alles kaputt! Jemand hat den ganzen Laden verwüstet!«

Robert Weihermann schreckt mich mit seiner Hiobsbotschaft in der Detektei auf.

Ich suche ihn zu beruhigen: »Ich bin gleich bei Ihnen«, und rate: »Rufen Sie inzwischen die Polizei!«

Dann informiere ich meinen Assistenten, um gemeinsam nach Heimberg zu fahren.

Als wir bei der Töpferei ankommen, stürmen uns die Weihermänner durch eine demolierte Fronttür entgegen.

»Wer macht bloß so was?«, lamentiert Robert Weihermann und beantwortet seine Frage gleich selbst: »Vandalen!«

»Ist die Polizei noch nicht eingetroffen?«, wundere ich mich.

»Nein, ähm …«, druckst Niklaus Weihermann herum.

»Haben Sie missgünstige Konkurrenten oder Feinde?«, erkundigt sich Jürg Lüthi.

»Wer in der Branche Erfolg verzeichnet, braucht auf Neider nicht lange zu warten«, erwidert der Töpfermeister lakonisch.

Ich suche nach anderen Motiven. »Sind Sie jemandem etwas schuldig geblieben?«

»Nicht dass ich wüsste«, antwortet Robert Weihermann und fordert uns mit einer nervösen Geste auf, einzutreten. Alles liegt in Trümmern. Hier hat jemand absichtlich großen Schaden angerichtet. Scherben wohin man blickt. Verstümmelte Gartenzwerge liegen verstreut wie Soldaten auf einem Schlachtfeld. Ihre abgetrennten Gliedmaßen haben sich in Suppenschüsseln, auf Tortenplatten und zwischen Kaffeetassen verirrt. Die Stückzahl des 24-teiligenTeeservices hat sich um den Faktor 100 vervielfacht. Beschädigte Vasen wirken im Trümmerfeld wie Graburnen und die Veduttenteller im Stil der alten Thuner Majolika sehen jetzt noch älter aus.

»Sind Sie ausreichend versichert?«, will ich vom Seniorchef hören.

»Ja, gegen Einbruch und Glasbruch«, bestätigt er.

»Sie sollten nichts verändern, bis die Beamten und ein Schadeninspektor eingetroffen sind«, rät Jürg Lüthi.

»Schon klar«, meint der Junior.

Im hinteren Ladenbereich hat die Lehrtochter allerdings bereits mit Aufräumen begonnen und Vater Weihermann gesteht: »Wir haben die Polizei gar nicht erst gerufen.«

Jürg Lüthi und ich schauen uns verwundert an.

»Es ist Ihnen bewusst, dass die Versicherung nur

zahlt, wenn ein offizieller Rapport vorliegt?«, vergewissere ich mich.

»Ja, ja«, wehrt der Alte ab und kratzt sich dazu im faltigen Nacken.

»Wozu verzichten Sie auf die Unterstützung der Staatsdiener?«, fragt mein Assistent und wendet sich an Niklaus Weihermann.

»Das geht Sie nichts an!«, mault der Angesprochene, worauf Jürg Lüthi auf Zehenspitzen zwischen Scherben davon trippelt.

»Nun gut« meine ich, »das entscheiden Sie, meine Herren«, hole tief Atem und erkundige mich: »Wie können wir Ihnen nun konkret helfen?

»Liegt das nicht auf der Hand? Wir erwarten, dass Sie auch in diesem Fall den Täter eruieren«, fordert der Töpfer und sein Sohn ergänzt: »Wir befürchten, dass er mit demjenigen vom Schlossberg identisch ist.«

»Schloss-Berg, Heim-Berg? Wo liegt die Verbindung?«

»Der Unhold könnte herausgefunden haben, dass ich es war, der ihn mit Eva überrascht hat«, vermutet Niklaus Weihermann.

»Schon möglich. Aber wozu diese Zerstörung?«, rätselt mein Mitarbeiter.

»Als Warnung«, befürchtet der junge Töpfer.

»Warnung wovor?«

»Davor, dass ich seine Anonymität auffliegen lasse«, erklärt Niklaus Weihermann. »Der Täter kann nicht wissen, dass ich ihn weder gesehen noch erkannt habe.«

»Und wenn jemand in der Töpferei etwas Bestimmtes gesucht hätte«, bemerkt Jürg Lüthi. »Was könnte das sein? Geld?«

»Lachhaft!«, erwidert Robert Weihermann postwendend.

Ich erkundige mich grundsätzlich: »Wurde überhaupt etwas entwendet?«

»Nein. Soweit wir feststellen konnten, fehlt nichts. Die Kasse ist jedenfalls unberührt geblieben«, informiert Niklaus Weihermann.

Jürg Lüthi stöbert zwischen den demolierten Gartenzwergen. Er findet ein hellbraunes Lederholster und wiegt es demonstrativ in der rechten Hand.

»Leicht geworden, das Etui«, stellt er fest und blickt zum Töpfermeister.

Robert Weihermann reagiert in keiner Weise.

Ich frage nach: »Was? Ist keine Waffe mehr drin?«

»Die SIC ist weg!«, bestätigt Jürg Lüthi und will vom Seniorchef wissen: »Haben Sie die Pistole bisher nicht vermisst, Herr Weihermann?«

»Warum auch? Da war gar nie eine drin«, behauptet er.

Eine offensichtliche Falschaussage. Wir sind in der Töpferei anlässlich unseres ersten Besuchs zweifelsfrei auf eine Armeepistole 49 gestoßen. Weshalb belügt uns der Seniorchef?

»Haben Sie überprüft, ob die Box mit den Kleisterscherben noch vorhanden ist?«, erkundigt sich mein Assistent weiter.

»Das war gleich das Erste, was ich kontrolliert habe«, beruhigt ihn Niklaus Weihermann.

»Gut. Dann bleibt augenblicklich nicht viel mehr zu tun, als die Bescherung mit der Kamera zu dokumentieren«, stelle ich fest.

Jürg Lüthi öffnet seine Mappe, entnimmt ihr aber nicht als Erstes den Fotoapparat, sondern einen Pomadenstift. Damit vollzieht er seine rituelle Prozedur. Erst nach dem Einschmieren der Lippen packt er eine Digitalkamera aus und blitzt in jede Ecke des demolierten Ladenlokals. »Wozu dieses Chaos?«, sinniert er halblaut.

Darauf bröselt Niklaus Weihermann Undeutliches hervor: »Vielleicht lockten die Locken?«

Verständnislos wenden wir uns um. Auch Vater Weihermann wirkt irritiert.

Sein Sohn präzisiert: »Der Kerl hat im Schloss was verloren, als er geflüchtet ist.«

Im Hintergrund unterbricht die Lehrtochter die Aufräumarbeiten.

»Sag' schon!«, drängt sein Vater.

»Na ja. Inmitten der Scherben lag ein widerlicher Lappen.«

»Ein Was?«, erkundigt sich Robert Weihermann.

Ich bin nicht minder auf eine Präzisierung gespannt.

»So ein Haarbusch«, bröselt Niklaus hervor.

»Meinen Sie etwa ein Toupet?«, helfe ich nach.

»So was Ähnliches. Vermutlich hat es der Flüchtende verloren, als er strauchelte.«

»Und wieso erzählen Sie uns das erst jetzt?« rüge ich. »Wenn Sie erwarten, dass wir für Sie den Täter ausfindig machen, dann müssen wir auf Ihre uneingeschränkte Unterstützung zählen können.«

Niklaus Weihermann starrt beschämt zu Boden.

Was treibt er für ein Spiel?

21

Der Westwind jagt ein graues Wolkenband über die Stockhornkette.

Ich sitze in der Detektei und fröstle, obschon die Radiatoren voll aufgedreht sind. Die E-Mail an Hauptmann Anton Geissbühler habe ich gestern nach anfänglichem Zögern doch noch abgeschickt.

Darum ruft er mich jetzt zurück. »Gut möglich, dass es sich um die Überreste des Ruderbootes handelt, das im Seeclub ausgeliehen wurde«, räumt Anton Geissbühler ein. »Wir sind daran, das zu überprüfen.«

»Und wie steht es mit der Identifizierung der Leiche?«, erkundige ich mich.

»Dazu ist mehr Zeit erforderlich. Es sind nämlich unerwartete Schwierigkeiten aufgetreten.«

»Inwiefern?«, frage ich nach.

Der Hauptmann zögert, als müsste er erst abwägen, ob nähere Auskünfte zu verantworten seien. »Der Tote befindet sich in einem grauenhaften Zustand. Der Leiche fehlt der ganze Unterkiefer.«

Ich schlucke leer.

Anton Geissbühler fährt fort: »Falls der Mann tatsächlich mit einem Boot gekentert sein sollte, suchen wir nach Erklärungen für die gravierende Verletzung. Wie kann man beim Ertrinken den Kopf verlieren?«

Seine Frage irritiert. Glücklicherweise wird am andern Ende der Leitung keine spezifische Reaktion erwartet.

»Möglicherweise handelt es sich um eine Art Treibverletzung. Die Leiche wird irgendwo hängengeblieben sein, als sie am Seegrund trieb. Die blanken Knochenteile der Wirbelsäule und die blutleeren Hautfetzen deuten darauf hin. Die Strömung hat den Leib dann gewaltsam vom verkeilten Kiefer getrennt.«

»Verstehe«, murmle ich und entnehme der Pultschublade eine Heftklammer und spiele nervös mit ihr herum. Dabei ist das Metallding nur zweite Wahl. Ich vermisse in solchen Momenten die elastische Telefonschnur der alten Leihapparate. Das schwarze Kabel ließ sich unzählige Male spiralförmig um den Zeigefinger wickeln, der danach mit einer ruckartigen Streckung von der Strippe befreit wurde. Das Verbiegen von Heftklammern macht nicht annähernd so viel Spaß. Gnadenlos quäle ich den unschuldigen Draht, bis er bricht.

Der Hauptmann fährt ungerührt fort: »Auf Treibverletzungen lassen übrigens auch die Abschürfungen an Händen und Füßen schließen.«

»Ist Ertrinken als Todesursache somit erwiesen?«, will ich von ihm bestätigt haben.

»Die definitiven Ergebnisse der Autopsie stehen

noch aus«, gesteht der Beamte. »Sie werden Klarheit schaffen, auch über die eigentliche Unglücksstelle. Falls das Opfer ertrunken ist, befinden sich Kieselalgen in seinen Lungen. Deren nähere Bestimmung lässt einen ziemlich genauen Rückschluss auf den Ort des Unglücks zu. Unterschiedliche Wassertiefen und Strömungsverhältnisse führen unterschiedliche Algen.«

»Und falls der Mann nicht ertrunken ist?«

»Dann war er schon tot, bevor er im See lag«, erklärt Hauptmann Geissbühler.

Ich deutsche aus: »Sie meinen, die Leiche könnte beispielsweise in ein Schiff gelegt worden sein, das anschließend zum Kentern gebracht wurde?«

»Wenn der Leichnam bei Sturmwarnung entsorgt wurde, ist das durchaus denkbar. Die Untersuchung der Holztrümmer wird Aufschluss geben, ob es sich tatsächlich um Teile des vermissten Ruderboots handelt. Wir werden zudem die fraglichen Wetterberichte konsultieren.«

»Herr Geissbühler, was vermuten Sie, wie lange der Tote bereits im See gelegen hat?«

Darauf lässt sich der Hauptmann ungern ein. »Wie gesagt, die Untersuchungsergebnisse …«

»Tage oder Wochen?«, hake ich nach.

»Nur Tage. Dafür habe ich oft genug Wasserleichen aus dem See gefischt«

Anton Geissbühler kann nicht ahnen, dass er in mir

Erinnerungen weckt an aufgequollene, blaugrün verfärbte Leiber und bizarr verunstaltete Fratzen.

Die Katastrophe im thailändischen Phuket begann mit der Aufforderung zur Flucht.

22

»Go, go, go!«, schrie ein Thailänder am Sandstrand und stürmte heran.

Was war los? Wozu die Aufregung?

»Look at the sea!«, keuchte der Mann, als er neben meinem Liegestuhl kurz Halt machte und in Richtung Meer fuchtelte. »Water is coming back!«

Aber da war kaum Wasser zu sehen. Bis gerade eben, jedenfalls. Vor rund einer halben Stunde hatte sich die andamanische See überraschend verabschiedet. Tausende von Fischchen, kleinen Krebsen und Muscheln hatten den Aufbruch verpasst und brieten jetzt ungeschützt an der Sonne. Freudig sammelten einheimische Kinder die Meeresfrüchte ein und wagten sich dabei weit in die Sandwüste der entleerten Bucht hinaus.

In aller Herrgottsfrühe des Stefantags 2004 war ich mit einem Kleinbus im Hotel am Patong-Beach in Phuket angekommen. Es lag in idealer Strandlage. Die Versprechungen des Ferienprospekts schienen eingelöst. Ich deponierte den Koffer in meinem Zimmer und hinterlegte, ganz der vorsichtige Schweizer Tourist, umgehend die Wertsachen im Save an der Rezeption. Danach packte ich Badetuch und Badehose ein und erkundete die Umgebung. Gegen halb neun Uhr mietete ich einen Strandstuhl und bestellte Kaffee.

Ich genoss meinen Cappuccino und löffelte den Milchschaum ab. Der weiße Schaumstreifen der fernen Wellen war in der Ferne nur knapp zu erkennen. Eine halbe Stunde später begann das Meer zurückzukehren. Ich hielt das Phänomen für das Wechselspiel von Ebbe und Flut. Gelassen beobachtete ich die herannahenden Wassermassen, bis mich besagter Thai aus der Lethargie riss.

»Go, go, go!«

Die Welle näherte sich unerwartet rasch. Sie gewann an Höhe und überrollte ungebremst die ersten Meter des bevölkerten Strandes. Jetzt erst packte auch ich Badetuch und Tasche und spurtete los. Viel zu spät.

Die Flut erfasste mich noch auf der Flucht, entriss mir die Bodenhaftung und schleuderte mich wie in einer Waschtrommel hin und her. Im Wirbel der salzigen Massen verlor ich all meine Utensilien und die Orientierung. Mit Wucht wurde ich in eine Bungalowanlage geschwemmt, wo die erste Häuserreihe widerstandslos in sich zusammenbrach. Die Scheiben barsten mit explosionsartigem Knall, die Säulen der Vordächer knickten ein und die gemauerten Rückwände der Gebäude wurden wie Papierkulissen weggesprengt. Überall schwammen Leute zwischen Holztrümmern, Bambusmatten, Hotelmobiliar und Gepäckstücken. Elektrische Kabel wanden sich wie Nattern, sprühten

Funken und zischten in der chaotischen Brühe. Die Kraft der Wellen stieß Glasscherben wie Dolche in die fliehenden Menschen.

In der zweiten Bungalowreihe bekam ich eine Dachrinne zu fassen. Um Luft zu kriegen, zog ich mich immer wieder mit angewinkelten Armen hoch. Dennoch schluckte ich viel Dreckwasser. Der Druck der Flut war gewaltig. Wie ein reißender Strom zerrte das Wasser an meinem ganzen Leib. Langsam schwanden die Kräfte. Eines war klar: Lass ich los, ist Schluss!

Da schien der Katastrophenfilm für einen gespenstischen Augenblick stillzustehen. Kurz darauf brach das Rauschen von Neuem los. Das Wasser, das sich gerade noch in die Bungalowanlage ergossen hatte, floss nun mit gewaltigem Sog in die Gegenrichtung und riss alles, was nicht niet- und nagelfest war, mit sich aufs Meer hinaus.

Ein Japaner klammerte sich mit offenem Beinbruch auf einer schwimmenden Matratze fest. Das prekäre Floss strudelte samt blutigem Bettzeug im Strom der Gegenflut. Mit weit aufgerissenen Augen zog der Asiate vorüber und entschwand im indischen Ozean. Ob er gerettet wurde?

Durch den Rückfluss der ersten Welle entleerte sich die desaströse Ferienanlage. Landeinwärts erspähte ich eine intakte Gartenmauer und nutzte die Chance. Rechtzeitig vor der nächsten Flutwelle erreichte ich den Zufluchtsort.

Ein Helikopter erschien unvermittelt am stahlblauen Himmel und verhieß Rettung.

»Jetzt holen sie uns raus«, hoffte ich. Im selben Augenblick zeigte sich in der offenen Tür des Fliegers eine Fernsehkamera. Die Maschine überflog dröhnend den Standort und verschwand.

Ein splitternacktes Ehepaar tauchte zwischen den Ruinen auf und flüchtet wie Vertriebene aus einem untergegangenen Paradies.

»Where is the way out?«, rief ich ihnen zu. Ausweg? Meine Frage musste wie bitterer Hohn klingen. Ich erhielt keine Antwort. Trotzdem verließ ich ungebeten meine sichere Mauer und folgte dem Paar. Wir strebten in Richtung einer Trümmerlücke. Da näherte sich eine dritte Flutwelle. Erneut brach Panik aus. Ich verlor das Paar aus den Augen.

Wie ein Affe erklomm ich den perforierten Betonpfeiler eines Telefonmasts. Kaum oben, drängte ein Fremder den Mast hoch. Er zankte von unten in Englisch und begann an meinen Füßen zu zerren. Ich setzte mich strampelnd zur Wehr. Ein Vordach befand sich in Griffnähe. Sein Glas schien jedoch sehr dünn. Ich sah keine Alternative. Der Engländer bedrängte mich hartnäckig. Ich turnte auf den angepeilten Vorsprung. Die Scheibe knirschte bedrohlich. Der Engländer schien im Begriff, mir auch dorthin zu folgen. Die doppelte Last hätte die Tragkraft des Glasdaches zweifellos überfordert. Ein schmaler, betonierter Fassadenvorsprung war als nächster Zielpunkt knapp erreichbar.

Die Aktion gelang. Vorerst hielt ich mich still. Währenddessen trieben führerlose Autos wie Gondeln durch die Häuserschluchten. Destabilisierte Reklamesäulen und unterspülte Masten krachten mit Tosen in trübe Sturzbäche.

Vom Dach eines gegenüberliegenden Gebäudes schrien und winkten Gerettete. Es dauerte eine Weile, bis ich realisierte, dass sie meine Aufmerksamkeit zu wecken suchten. Da erst entdeckte ich unweit meines Fassadenvorsprungs eine junge Frau im Wasser. Wie konnte ich ihr helfen?

Ich kehrte zum gespaltenen Glas zurück und versuchte, die Hilfesuchende auf den rettenden Telefonmasten aufmerksam zu machen.

Sie schaffte den Aufstieg. Als ich die Frau an ihren ausgestreckten Armen den letzten Meter zu mir hochzog, stieß sie einen kurzen Schrei aus. Eine 30 Zentimeter lange Schnittwunde führte quer über ihren Bauch.

»Hi. I'm Ingrid«, keuchte die Frau tapfer. Sie stammte aus Schweden. Kaum hatte sie die Puste wiedergefunden, flehte sie: »Wir müssen meinen Vater holen. Er ist noch irgendwo da unten!« Sie machte Anstalten, ins heillose Chaos zurückzukehren.

Ich tat mein Möglichstes, sie davon abzuhalten. »Du wirst ihn jetzt nicht finden. Er hat sich vermutlich anderswo in Sicherheit gebracht. Bleib da!«, suchte ich sie zu beruhigen.

Sie schien nicht zuzuhören und kauerte bereits sprungbereit am Abgrund.

In diesem Augenblick meldete sich überraschend der Engländer. Er hockte in einiger Distanz auf dem Beton und hatte seit seinen wüsten Beschimpfungen nichts mehr von sich gegeben. Mit deutlichen Worten befahl er der verwirrten Schwedin: »Stay here!« Sie gehorchte.

Erneut kurvte ein Militärhelikopter über unsere Köpfe. Via Megafon wurden wir aufgefordert, die Dächer zu verlassen und ins erhöhte Landesinnere zu fliehen. Offenbar wurde die haushohe Hauptwelle des Tsunami erst noch erwartet.

»Müssen wir hier tatsächlich weg?«, fragten wir uns und zögerten. Zu dritt zogen wir dennoch los. Als wir ein paar Minuten später wieder im brusthohen Dreckwasser wateten, begann der Engländer nach herrenlosen Klamotten zu fischen. Die Sonne sengte inzwischen unbarmherzig vom wolkenlosen Ferienhimmel herunter. Das Wetter schien so nicht zu einer Katastrophe zu passen. Ingrid trug nur BH und Slip. Alles was mir geblieben war, war eine zerfetze Badehose.

Wir folgten dem Beispiel des Briten und wurden ebenfalls fündig. Ich ergatterte ein T-Shirt und zog es rasch über. Bald darauf angelte ich eine grüne linke und danach eine schwarze rechte Gummisandale aus dem Wasser. Sogar einen lädierten Strohhut gönnte mir der Zufall.

Unvermittelt tauchte eine circa 40-jährige Europäerin aus einer überfluteten Seitengasse auf. Mit den Worten: »Can you take this baby?« drückte sie mir einen thailändischen Säugling an die Brust.

Ratlos blickte ich zuerst zur Unbekannten und danach zu Ingrid. Ihr Bauch hatte aufgehört zu bluten. Weißliche Wundränder hatten sich nach außen gewölbt und boten einen ungewohnten Anblick. Wurde darum nicht ihr, sondern mir das Baby in die Arme gelegt? Was sollte ich damit anfangen? Wie konnte ich für das Kleinkind sorgen?

Der Engländer war währenddessen einfach abgehauen.

Da entriss mir die Frau das Kleinkind ebenso unmotiviert aus den Armen, wie sie es zuvor hatte loswerden wollen. Mir fiel ein Stein vom Herzen. Dafür blieb es fast stehen, als wir kurz darauf am ursprünglichen Standort meines Hotels vorbeikamen. Die Anlage war nicht wiederzuerkennen. Kaum vorstellbar, dass im trostlosen Trümmerhaufen jemand überlebt haben könnte.

Ich begann zu ahnen, was für Schwierigkeiten noch zu überwinden waren, ohne Geld, ohne Papiere, ohne Gepäck.

Am Rande der zerstörten Zone erwarteten uns uniformierte Thais mit Transportmitteln und Katastrophentouristen mit Foto- und Videokameras. Wie geschundene Sklaven einer gesunkenen Galeere wankten wir dem kuriosen Empfangskomitee entgegen.

Ingrid wurde umgehend von Sanitätern in Empfang genommen. Bevor wir uns richtig von einander verabschiedet hatten, wurde sie bereits auf die offene Ladefläche eines Pick-ups gehievt und weggefahren. Ich blieb allein zurück. An Ort und Stelle ließ ich mich in den Straßengraben fallen. Total fertig.

Nach geraumer Zeit vernahm ich eine Stimme über mir. Ein fremder Mann mit Rucksack forderte mich grußlos zum Mitgehen auf.

Ich stellte keine Fragen und folgte willenlos. Mir war alles egal. Was hatte ich zu verlieren?

Der weiße Unbekannte verhalf mir völlig selbstlos zu Unterkunft und Verpflegung. Wie sonst hätte ich ohne Pass und Geld in einem Hotel Aufnahme gefunden?

Als ich am nächsten Morgen an einem sicheren Ort in einem sauberen Bett erwachte und anschließend an die Zimmertür des Mannes klopfte, war der gute Samariter spurlos verschwunden. An der Rezeption hatte er eine simple Notiz hinterlassen: ›Good luck!‹

Ich erkundigte mich beim Hotelpersonal. Sie wussten nicht viel über den Wohltäter. Nur, dass er auch für mich bar bezahlt habe. »Maybe, he is an Australien«, vermutete die Rezeptionistin.

»Maybe, he is an angel«, erwiderte ich und betrat das tropische Paradies des Hotelgartens.

23

Erinnern und Vergessen?

Am Golf von Siam erklingt längst wieder das unbeschwerte Gelächter der sonnenverwöhnten Strandtouristen. Am Thunersee macht sich allmählich der Frühling breit und leistet beidem Vorschub, dem Vergessen und dem Erinnern. Die Blütenpracht lässt den harten Winter vergessen, der sich mit letzten Schneeflecken vergeblich in Erinnerung zu rufen sucht.

»Warum wirkt dieses Männchen bloß so einsam?«, fragt Eleonore Günther verwundert.

Wir spazieren gemeinsam auf der Aarehalbinsel entlang des Schiffkanals. Ich habe beschlossen, mich dort umzusehen, in der Hoffnung, einen Blick auf die Kleistinsel zu werfen.

»Stimmt, Ellen. Das Denkmal steht ziemlich verloren im Rasen«, gebe ich zur Antwort. Ein bronzener Jüngling sitzt isoliert auf einem Quader und dreht uns den Rücken zu. Wir nähern uns der Figur und lassen uns auf einer der öffentlichen Holzbänke in unmittelbarer Nähe nieder. Eigenartigerweise sind alle Sitzgelegenheiten so ausgerichtet, dass die Statue ignoriert wird. Inmitten wandelnder Spaziergänger, watschelnder Enten und stolzierender Schwäne muss sich der

Bronzene einsam und verlassen fühlen. Pausenlos mag er sich die quälende Frage stellen, was er eigentlich am Thunersee verloren hat. Das magere Bäumchen, das der Statue zur Rückendeckung gepflanzt wurde, trägt vorderhand wenig dazu bei, der Verlorenheit der Figur entgegenzuwirken.

»Soweit ich orientiert bin, soll Heinrich von Kleist dargestellt sein«, meine ich.

»Und wieso steht er dann nicht auf der Kleistinsel?«, wundert sich Eleonore Günther.

»Weil die eben privat ist.«

»Schau mal!«, meint Eleonore und erhebt sich von der Bank. »Da steht was am Sockel.« Sie entziffert die Inschrift: ›Sich träumend, seiner eignen Nachwelt gleich, den prächtgen Kranz des Ruhmes einzuwinden‹.«

»Du, Hanspeter. Das ist nicht der Kleist. Es ist ein Prinz!«

Was wurde mir einst am Gymnasium doziert? Eleonore Günthers Feststellung fördert versunken geglaubte Wissensreste zu Tage. Die Bronzefigur trage die Züge des Dichters. Explizit zeige sie jedoch nicht ihn, sondern den Helden seines letzten vollendeten Schauspiels.

»Jetzt, wo du es sagst«, stimme ich meiner Begleiterin zu. »Prinz Friedrich von Homburg. Er döst in der Anfangsszene des gleichnamigen Dramas unter einer Eiche. Sein Kommandant überrascht ihn, als er sich gedankenverloren ein Kränzchen windet.«

»Von seinem Vorgesetzten scheint der bewaffnete Florist wenig Notiz zu nehmen«, bemerkt Eleonore Günther augenzwinkernd.

»Der Kommandant begnügt sich mit der Rolle eines Kommentators: ›Als ein Nachtwandler, schau, auf jener Bank, wohin, im Schlaf, wie du nie glauben wolltest, der Mondschein ihn gelockt.«

»Haben sich die Krieger vergangener Tage derart gewählt ausgedrückt?«, zweifelt Eleonore Günther.

»Das war kein gewöhnlicher Kriegsherr«, wende ich ein. »Wenn mich nicht alles täuscht, handelte es sich beim Militärchef um den Grafen von Hohenzollern.« Damit scheine ich ihre Zweifel nicht gänzlich ausgeräumt zu haben. Dennoch lässt es Eleonore vorerst dabei bewenden. Sie ergreift meine Hand und zieht mich zurück auf eine Sitzbank. Ich nehme mir vor, zu Hause noch weiter zu recherchieren.

In dem Moment radelt pfeifend ein dunkelhäutiger Mann auf einem Fahrrad heran. Er stellt es an eine der rot lackierten Bänke und hockt sich hin. Ohne von uns Notiz zu nehmen, starrt er auf die grünweißen Wellen des Gletscherwassers. Kurz darauf dudelt sein Handy. Er telefoniert lauthals in einer kehligen Sprache, neben der sogar Schweizer Mundart zu naturreiner Lingualsahne zerflösse.

Zwischen dem Mann aus dem Süden und dem nordischen Prinzen streunert ein Kampfhund. Mir fließt der Angstschweiß. »Ein Menschenfresser!«, warne ich und erinnere mich an eine ähnliche Begegnung in Baden-Baden.

»Wo kommt dieses Untier her?«, zischt Eleonore Günther.

Der Vierbeiner hat uns anvisiert und trabt bedrohlich auf uns zu. Glücklicherweise begnügt sich die Kampfmaschine mit gierigem Schnuppern der Stresshormone. Dennoch ärgere ich mich über den freilaufenden Fleischwolf und wähne im Asylanten den verantwortlichen Metzger. Warum lassen es die Behörden zu, dass nigerianische Drogendealer solche bedrohliche Kreaturen halten? Die Gesamtheit meiner unbestrittenen Vorurteile bündelt sich im Augenblicklich des Unmuts und verstrahlt den nichts ahnenden Fremdling gründlicher, als es sein geklautes Prepaid-Handy in 1.000 Jahren zuwege brächte.

Dann entkräftet der Zufall meine Vorurteile. Nonchalant schlendert eine halbwüchsige Göre hinter einem Stapel sperriger Weidlinge des Pontonier-Fahrvereins hervor. Sie ist es, die den weißen Bullterrier mit der blutroten Haifischfresse zu sich pfeift.

»Sorry, Brother!«, knurre ich reumütig mit Blick auf den Asylanten. »Hab' mich halt getäuscht.« Und an Eleonore gewandt: »Kann mal passieren, oder?«

Sie nickt gnädig: »Ich kenne das, Hanspeter. Wenn sich die eigenen Vorurteile nicht bewahrheiten, zweifelt man an seiner prophetische Begabung.«

Wir brechen auf. Eleonore Günther begleitet mich

nach Hause, wo ich mithilfe der Mikrowelle ein Nachtessen improvisiere. Die Besucherin hat es danach auffallend eilig.

Ich benutze den angebrochenen Abend, um das Kleistdenkmal zu googeln und finde heraus, dass es 1980 von Urban Thiersch aus Berchtesgaden geschaffen wurde. Der deutsche Augenarzt Friedrich Mehlhose verfolgte ursprünglich die Absicht, dem Dichter am Wannsee zu gedenken, Heinrich von Kleists Sterbeort.

Mehlhoses Ansinnen ging leider buchstäblich in die Hose. Das zuständige Berliner Bezirksamt lehnte das Angebot mit der Begründung ab, dass sich an der vorgesehenen Örtlichkeit bereits ein entsprechender Gedenkstein befände.

Eine befreundete Schweizerin machte daraufhin den Vorschlag, die Idee im Berner Oberland zu verwirklichen. Der Thuner Gemeinderat nahm das Geschenk dankend an. Einzig die lokale Künstlerschaft, die den lukrativen Auftrag lieber selbst ergattert hätte, schmollte und schnödete. Dass der Fußweg zum Kleistdenkmal kurz zuvor mit der Bezeichnung Othmar-Schoeck-Weg belegt worden war, befremdete allerdings nicht nur die Kritiker.

24

Am folgenden Morgen überrascht mich Ellen im Büro gleich in dreierlei Hinsicht: Erstens habe ich nicht erwartet, sie nach dem kargen Mahl vom Vorabend so rasch wiederzusehen. Zweitens passiert es selten, dass sie bereits in der ersten Tageshälfte in der Detektei auftaucht. Und drittens verblüfft sie mit detaillierten Kenntnissen zum Dichter, dessen Gedenkstätte wir gestern bewundert haben.

»Ich bringe Neuigkeiten«, verkündet die Besucherin. »Hast du eine Ahnung, wozu Heinrich von Kleist 1802 in die Schweiz gezogen ist?«

Ich stelle das Radio ab, erhebe mich und biete einen meiner vier Besprechungsstühle an. »Vermutlich, um zu schreiben«, antworte ich.

»Irrtum. Er verfolgte ganz andere Ziele«, deutet sie vielsagend an.

Ich hebe ratlos die Schultern und warte auf Aufklärung.

»Kleist spielte mit dem Gedanken, in der Schweiz einen Hof zu erwerben und sich fortan der Landwirtschaft zu widmen.«

»Was? Der zarte Poet als Bauer?«, zweifle ich.

»Ja, Hanspeter. Kleist erhoffte sich vom ländlichen

Leben Erlösung für seine gequälte Seele. Ich kann es dir belegen.« Noch bevor ich die Bemerkung losgeworden bin, so wichtig sei mir die Angelegenheit dann auch wieder nicht, hat sich Eleonore zum Einkaufskorb hinuntergebeugt und ihm ein blaues Klarsichtmäppchen mit Papieren entnommen. Sie legt ein Blatt auf das Tischchen und meint: »Kleist schrieb seiner Schwester Ulrike nach Deutschland: ›Ich glaube nun einmal mit Sicherheit, dass mich diese körperliche Beschäftigung wieder ganz herstellen wird.‹«

»Krüppelei als Kur? Dass ich nicht lache!«

»So ähnlich hat er sich das aber ausgedacht. Er begann jedenfalls, landwirtschaftliche Fachliteratur zu studieren und sich im Berner Oberland nach einem Bauernhof umzusehen.«

Ich bin perplex.

Eleonore fährt fort: »In Gwatt bei Thun fand er eine passende Liegenschaft. Sie sollte ihn 3.500 Taler kosten. Kleist ließ sich den Rest seines Vermögens in die Schweiz überweisen. Der Handel wurde eingefädelt. Aber dann verließ Kleist unvorhergesehen die Courage.«

»Ah, voilà! Doch noch eine realistische Selbsteinschätzung«, stelle ich fest.

»Du irrst, Hanspeter«, entgegnet Eleonore. »Es lag an den unsicheren politischen Umständen im Bernerland. Sie ließen Kleist befürchten, dass er französischer Untertan würde.«

Ich räume ein, dass ich mir den behäbigen Schweizer Kanton schwerlich als internationalen Krisenherd vorstellen kann.

»Doch! Zu jener Zeit marschierten hier die Franzosen ein«, informiert mich Eleonore. »Vor denen fürchtet sich Kleist gewaltig. Er meldete seine Bedenken dem Berner Freund Heinrich Zschokke: ›Mich erschreckt die bloße Möglichkeit, statt eines Schweizerbürgers durch eines Taschenspielers Kunstgriff, ein Franzose zu werden. Sie werden von den Unruhen in Simmenthal gehört haben. Es sind bereits Franzosen hier eingerückt, und nicht ohne Bitterkeit habe ich ihrem Einzuge beigewohnt.«

»Zschokke? Meinst du den Novellisten?«, erkundige ich mich.

»Richtig«, bestätigt Eleonore. »Anlässlich einer Zusammenkunft wurde bei Zschokke die Initialzündung zum ›Zerbrochenen Krug‹ gelegt. Als ehemaliger Deutschlehrer müsste dir das eigentlich bekannt sein«, stichelt mein reizender Gast. »Der Berner machte Kleist mit Ludwig Wieland und dem Buchhändler Heinrich Gessner bekannt. Bald schon festigte ein gemeinsames Projekt die Runde. Die Freunde vereinten sich wie Virgils Hirten zum poetischen Wettkampf.«

»Inwiefern hat diese Anekdote mit Kleists gescheitertem Bauerntum zu tun?«, frage ich.

»Statt sich den Hof zu kaufen, mietete sich Kleist in Thun ein Haus. Dort realisierte er seinen Beitrag zum

Wettschreiben, das er schließlich gewinnen sollte. Voller Tatendrang bezog er eine möblierte Liegenschaft auf dem oberen Aareinseli. Davon habe ich eine historischen Aufnahme gefunden.« Eleonore blättert in den Unterlagen und pflückt eine blasse Fotokopie heraus. »Das Gebäude stand nur wenige Meter vom Wasser entfernt, inmitten hoher Laubbäume. Es stellte einen zweistöckigen, schmalen Holzbau mit Satteldach und frontaler Dachründe dar. Entlang der linken und rechten Längsseiten führte je ein Balkon. Eine hölzerne Außentreppe bildete den Aufgang von der Terrasse zu einer der beiden ›Lauben‹. Dem Häuschen vorgelagert, stand dieser viereckige Holzpavillon mit den eigenwilligen Spitzbogenfenstern.«

»Eine Idylle?«, frage ich.

»Damals bestimmt«, meint meine Besucherin und berichtet, was Kleist am 1. Mai 1802 an Ulrike schrieb: ›Jetzt leb' ich auf einer Insel in der Aare, am Ausfluss des Thunersees, recht eingeschlossen von Alpen, eine Viertelmeile von der Stadt. Ein kleines Häuschen an der Spitze, das wegen seiner Entlegenheit sehr wohlfeil war, habe ich für sechs Monate gemietet und bewohne es ganz allein. Auf der Insel wohnt auch weiter niemand als nur an der anderen Spitze eine kleine Fischerfamilie mit der ich schon einmal um Mitternacht auf den See gefahren bin, wenn sie Netze einzieht und auswirft.

Der Vater hat mir von zwei Töchtern eine in mein Haus gegeben, die mir die Wirtschaft führt: ein freundlich-liebliches Mädchen, das sich ausnimmt wie ihr Taufname, Mädeli. Mit der Sonne stehen wir auf, sie pflanzt mir Blumen in den Garten, bereitet mir die Küche, während ich arbeite; dann essen wir zusammen; Sonntags zieht sie ihre schöne Schweizertracht an, ein Geschenk von mir, wir schiffen uns über, sie geht in die Kirche nach Thun, ich besteige das Schreckhorn, und nach der Andacht kehren wir beide zurück.«

»Darüber, ob er nach dem Schreckhorn auch das Mädeli bestieg, darf spekuliert werden«, stichle ich.

»In dieser Frage gibt es vage Anhaltspunkte. Kleist formulierte im Brief an seine Schwester die mehrdeutigen Worte: ›Ich habe keinen andern Wunsch, als zu sterben, wenn mir drei Dinge gelungen sind: Ein Kind, ein schön' Gedicht und eine große That‹. Lange hielt sich darauf das Gerücht, der Schriftsteller sei in Thun Vater geworden.«

Ich suche Gewissheit. »Ist was dran?«

»Man weiß es nicht. Auffälligerweise verlies der Poet die Insel ziemlich überstürzt.«

»Aus Angst vor einer Vaterschaftsklage?«

»In erster Linie aus gesundheitlichen und finanziellen Gründen«, weiß Eleonore Günther.

»Hm, und was geschah danach mit dem Kleisthaus?«

»Die Liegenschaft wechselte mehrmals den Besitzer. 1940 wurde das baufällige Gebäude schließlich abgetragen und landeinwärts durch ein herrschaftliches Landhaus ersetzt. Dabei kam im Kellerschotter des Altbaus das Gerippe eines Neugeborenen zum Vorschein. Durch den makaberen Fund wurden die Spekulationen um die Vaterschaft des Dichters erneut angeheizt.« Eleonore entnimmt dem Weidenkorb ein schmales Bändchen und reicht es mir erwartungsvoll. »Kennst du's?«

Ich halte Robert Walser Erzählung ›Kleist in Thun‹ in Händen. »Für mich?«

Eleonore bestätigt lächelnd.

Ich danke, öffne das Büchlein und lese: ›Die Vorberge am Ufer des Sees sind so halb und halb grün und so hoch, so dumm, so duftig. La, la, la. Er hat sich ausgezogen und wirft sich ins Wasser. Wie namenlos schön ihm das ist.‹

25

»La, la, la!«

Kaum hat Eleonore Günther trällernd die Detektei Feller verlassen, tritt Jürg Lüthi über die Schwelle.

»Ciao, Hanspudi. Wir sollten reden.«

»Worüber? Setz dich! Aber nicht, dass du mich wieder wegen Ellen drängst«, warne ich.

Mein Assistent schmunzelt. »Ihr bin ich soeben auf der Treppe begegnet. Grund zur Hoffnung?«

»Grund zur Sache zu kommen, Jüre!«

»Diese Rechberger Tochter gibt mir zu denken.«

Ich warte ab.

Jürg Lüthi holt Luft und meint: »Warum schützt die Frau ihren mutmaßlichen Vergewaltiger? Wie kann sie es hinnehmen, dass an seiner Stelle ihr Freund ins Zwielicht gerät?«

»Diese Fragen bereiten mir ebenfalls Kopfzerbrechen. Einer von uns sollte Eva Rechberger nochmals auf den Zahn fühlen«, schlage ich vor. »Ob sie heute Abend zu Hause erreichbar ist?«

»Ich fände es geschickter, wenn wir sie in Abwesenheit ihrer Mutter befragten«, wendet Jürg Lüthi ein. »Die Chancen, dass uns das Mädchen mehr verrät als bisher, dürften steigen.«

»Also entfällt mein Vorschlag mit dem Hausbesuch«, erkenne ich.

»Wenn wir versuchten, Eva Rechberger nach der Schule abzufangen?«, erwägt Jürg Lüthi.

»Dazu müssten wir herausfinden, wann für sie Unterrichtsschluss ist.«

»Das könnte Stefan für uns besorgen«, schlägt mein Assistent vor. »Wie dir bekannt ist, besucht er dasselbe Gymnasium. Er bräuchte nur im Schülerverzeichnis nachzuschlagen, um festzustellen, in welche Klasse Eva eingeteilt ist. Ihr Stundenplan gäbe Auskunft, bis wann sie womit beschäftigt ist.«

»Ausgezeichnet! Organisiere das!«

»Am schnellsten geht's per SMS. Die checkt Stefan nämlich auch während dem Unterricht«, weiß Jürg Lüthi. »Und das, obschon es offenbar der Hausordnung widerspricht.«

»Danke, Jüre. Für einmal verantworten wir den jugendlichen Regelverstoß. Ich stelle inzwischen den Fragenkatalog zusammen, mit dem ich die Dame zu konfrontieren gedenke.«

Skeptisch mustert mich Jürg Lüthi und legt die Stirn in Falten. »Heißt das, dass du die Befragung durchführen wirst?«

»Ja, warum nicht? Ich übernehme das.«

Er zuckt mit den Schultern und tönt enttäuscht: »Na dann.« Darauf schreibt er, wie angekündigt, die SMS und sendet sie an seinen Sohn. Umgehend trifft eine

Antwort ein. Der Assistent liest vor: »›Eva, 1d, BG bis 17.45 Uhr.‹«

»Im Klartext?«, frage ich.

»Eva Rechberger ist bis viertel vor sechs mit Bildnerischem Gestalten beschäftigt«, präzisiert er.

»In dem Fall warte ich ab 17.30 Uhr vor der Schule.«

Mein Mitarbeiter unternimmt einen zweiten Anlauf: »Wäre es nicht unauffälliger, wenn ich an deiner Stelle hinginge? Ich könnte leicht vorgeben, Stefan abzuholen und zufällig auf Eva zu treffen.«

Das leuchtet ein. »Einverstanden, Jüre. Machen wir's so.«

Eine halbe Stunde später arbeite ich ungestört am Schreibtisch, während sich Jürg Lüthi zurückgezogen hat, um das Interview vorzubereiten.

Ich drücke die Taste meines Radioempfängers und höre DRS 3. Schon wieder BLIGG. Er gibt zu meiner Freude seinen Hit ›Secondos‹ zum Besten:

»Das isch min Immigrante-Song,
Sie gänd Bluet, Schweiss und Träne,
Irgendwo imäne andere Land,
Was wäred mir numme ohni sie?«

Ich entnehme dem Papierfach des Laserdruckers ein weißes Blatt A4 und lege es quer vor mich hin. Mit schwungvollen Ellipsen und zielgenauen Verbindungslinien zeichne ich ein Netzwerk aller Personen, die meiner Meinung nach mit dem Fall in Verbindung stehen könnten. Ich hoffe, dass mich dabei ein Gedankenblitz trifft, der das widersprüchliche Verhalten der jungen Frau erhellt.

Gibt es etwas Entscheidendes, das bisher übersehen wurde? Auf wen hört sie? Übt wer Druck aus?

Am Ende meiner Zeichenübung habe ich einen erbärmlichen Picasso fabriziert, der einzig und allein die vielfarbige Periode meiner anhaltenden Ratlosigkeit illustriert.

Jürg Lüthi kehrt zurück. Er klingt enttäuscht. »Sorry, Hanspudi. Hat nicht geklappt.«

»Was?«, stammle ich, in der unbegründeten Hoffnung, ihn missverstanden zu haben. »Hat sich das Rechberger Früchtchen nicht ausquetschen lassen?«

»Also ...«

»Was ist vorgefallen?«, dränge ich, statt ihn ausreden zu lassen.

»Leider ...«, stammelt Jürg Lüthi.

Ich werde lauter. »Du hast Eva Rechberger nicht etwa verpasst?«

»Doch«, räumt er schuldbewusst ein. »Sie ist mir durch die Lappen.«

»Verdammt! Wie konnte das passieren?«, tobe ich und bereue gleich darauf, laut geworden zu sein. Bei Misserfolgen interessiert halt nur die Ursache, bei Erfolgen hingegen die Wirkung.

»Tut mir echt leid, Hanspudi. Die Maus ist entwischt. Das Schulhaus verfügt nämlich über mehrere Ausgänge«, rechtfertigt sich mein Assistent. »Wenn wir den Velokeller und das Garagentor des Hauswarts mitrechnen, mindestens acht. Ich habe wie ein stupider Kater vor dem falschen Loch gelauert.«

Ich überlege laut: »Was jetzt?«

Anstelle einer Antwort meint Jürg Lüthi: »Augenblick, da kommt eben mein Filius angetanzt.«

Ich lausche dem Gespräch im Hintergrund.

»Hallo, Stefan, hast du heute Nachmittag Eva Rechberger in der Schule angetroffen?«

Der Angesprochene antwortet völlig relaxt: »Nö. Vermutlich chillt sie irgendwo und ist on bei Facebook. Soll ich sie anklicken?«

»Das wär genial! Ich wusste gar nicht, dass du mit ihr befreundet bist«, wundert sich der ahnungslose Herr Papa.

Sein Sohnemann bestätigt: »Klaro! So wie weitere 500 Facebookfreunde.«

Jürg Lüthi meldet sich erneut am Handy: »Hanspudi, wir sähen eine Möglichkeit.«

»Ja, hab' sie mitbekommen. Aber sie bringt nichts«, lehne ich ab. »Wir können Eva Rechberger schwerlich online vernehmen.«

Bevor mein Assistent den Einwand kommentiert hat, mischt sich Stefan Lüthi ein: »Dad, errate, was ich soeben erfahren habe.«

»Sag schon!«

»Eva hat den ganzen Tag geschwänzt. Sie war überhaupt nicht im Gymer.«

»Bist du sicher? Wie hast du das herausgefunden?«, wundert sich Jürg Lüthi.

Ich presse den Hörer so dicht wie möglich ans Ohr, um ihrer Unterhaltung zu folgen.

»Hab's kurz bei einem ihrer Mitschüler gecheckt«, erklärt Stefan Lüthi.

»Hallo, Jüre. Was ist los?«, dränge ich.

»Augenblick, Hanspudi«, meint er und zu seinem Sohn: »Ist bekannt, ob sie krank im Bett liegt?«

»Ja. Tut sie offenbar nicht. Darum macht sich ihr Kollege jetzt Sorgen. Es kommt ihm ›strange‹ vor, dass niemand eine Ahnung hat, wo Eva zurzeit steckt. Es sei ziemlich ungewöhnlich, dass ihr Handy dauernd abgestellt bleibe.«

»Kein Wunder, dass ich sie nicht erwischt habe«, stellt Jürg Lüthi entschuldigend fest.

»Sollten wir nicht versuchen, ihre Mutter zu erreichen? Jüre, finde schon mal ihre private Nummer heraus. Ich erkundige mich derweil im Schloss.«

Noch blättere ich durch das Telefonbuch, als sich mein Assistent bereits zurückmeldet.

»Hanspudi, halt' dich fest!«, warnt er.

Ich lege die Nummernbibel zur Seite, wo sie laut zuklatscht.

»Eva Rechberger wird seit gestern Abend offiziell vermisst!«

26

Die Bise ruft den Winter in Erinnerung und lässt das Blut gefrieren. Der kalte Nord-Ostwind negiert die angedeutet Wärme der zaghaften Sonnenstrahlen. Aus den Baugruben des Selve-Areals wirbelt Staub, der von der ziegelroten Rückfassade der Kantonspolizei aufgefangen wird.

»Wir müssen der Möglichkeit ins Auge blicken, dass es keine Zeit mehr zu verlieren gilt«, verkündet Hauptmann Anton Geissbühler im ersten Stock.

Seine pessimistische Analyse basiert auf dem Hinweis von Martha Rechberger, die dem Facebook-Profil ihrer Tochter folgende ungute Statusmeldung entnommen hat: ›Wenn wir auferstehen, ist auch ein Tag‹.

»Was halten Sie von dieser Zeile?«, will der Polizist in seinem Büro von mir wissen.

»Gefällt mir nicht. Der Wortlaut lässt das Schlimmste befürchten.« Ich zwirble ein Härchen meiner rechten Augenbraue, das sich vergeblich gegen seine Entwurzelung wehrt. Es fällt aus, mir fällt was ein: »Wurde inzwischen versucht, mit ihrem Freund Kontakt aufzunehmen?«

»Sie meinen Niklaus Weihermann?«

»Richtig.«

»Kennen Sie zufälligerweise die Koordinaten der Töpferei?«, erkundigt sich Geissbühler.

Ich angle in meiner ledernen Umhängetasche nach dem Handy und befrage das digitale Adressverzeichnis. Danach diktiere ich Anton Geissbühler die gewünschte Nummer, die vom Hauptmann unverzüglich angewählt wird.

»Hier spricht Geissbühler von der Kantonspolizei Bern. Könnten Sie mir den Juniorchef an den Apparat holen?« Anton Geissbühler runzelt die Stirn. »Aha … Und sein Vater? … Gut, ich warte.«

An mich gewendet bemerkt er: »Sonderbar …«

Am andern Ende der Leitung scheint sich erneut jemand zu melden. Hauptmann Geissbühler neigt den Oberkörper nach vorn und stützt den rechten Ellbogen auf die Schreibtischplatte. »Guten Tag, Herr Weihermann. Ich möchte mich mit ihrem Sohn unterhalten. Wissen Sie, wo ich ihn erreichen kann? … Nein? … Seit wann? … Aha. Und sein Handy? Abgeschaltet? … Ich verstehe.«

Fragend fixiere ich Geissbühlers Lippen. Ich ahne das Unheil voraus, das sie gleich verkünden werden.

»Nein, nein. Eine offizielle Vermisstenanzeige wäre verfrüht, Herr Weihermann. Ich bespreche die Angelegenheit mit meinem Stab und rufe danach zurück«, verspricht der Hauptmann und beendet das Gespräch.

»Der Junge ist ebenfalls abgetaucht?«, erahne ich.

»So ist es«, bestätigt Anton Geissbühler.

»Ob Niklaus und Eva gemeinsam ausgebüxt sind?«

Hauptmann Geissbühler rollt die Lippen nach innen und brummt. »Daran habe ich auch gerade gedacht. Was könnte die beiden veranlasst haben, Reißaus zu nehmen?«

»Vielleicht das schlechte Gewissen?«

In diesem Moment schellt das Telefon. Der Hauptmann unterhält sich kurz mit dem Gerichtsmediziner. Das Gespräch kreist um die Frage der Identität der Wasserleiche auf der Kleistinsel. Anschließend wendet sich Anton Geissbühler an mich und verkündet schnörkellos: »Beim Opfer handelt es sich um den Gerichtspräsidenten Adam Füssli. Ein Ruderunfall wird als Todesursache ausgeschlossen.«

Die Mitteilung überrascht mich nicht besonders. Meine Gedanken kreisen vielmehr um die beiden Vermissten. »Wir sollten das Pärchen finden, bevor es zu spät ist.«

Tatsächlich entfesselt der Hauptmann eine nie gesehene Hektik.

27

Überlegen macht überlegen.

Ich grüble eine Weile nach, fahre schließlich zum Seeclub und halte Ausschau nach einer Auskunftsperson. Eines der beiden Tore steht offen. Ich recke den Kopf durch den Türrahmen und verkünde vorsichtshalber meine Anwesenheit: »Hallo?«

Keine Reaktion.

Ich trete in das getäferte Clubhaus und rufe inmitten der ausgewasserten Armada: »Ist da wer?«

Offenbar nicht. Auf fünfstöckigen Metallständern lagern schlanke Boote bis zur hölzernen Decke. Die langen Vierer und Achter sind mehrheitlich aus Fiberglas gefertigt und liegen Kiel oben im Trockenen. Ein Ausleger markiert wie mit steifen Armen die Horizontale, gabelt den Tragriemen meiner Umhängetasche auf und stiehlt mir die Bagage von der Schulter.

In den höheren Stapellagen erspähe ich ein schlankes Skiff aus rotbraun lackiertem Holz. Gleicht das Material des einplätzigen Ruderbootes nicht jenem im Strudel der oberen Schleuse? Im Regal ist eine Lücke auszumachen.

Der Raum wird von kalt leuchtenden Neonröhren erhellt. An seiner Rückwand hängt eine verwaiste

Schwimmweste über einem zerbrochenen Holzruder. Ich spähe durch die Zwischenräume der Bootsstapel und bemerke eine Treppe, die in den ersten Stock führt.

»Hallo?«, wiederhole ich mein Rufen, denn ich möchte, falls doch noch jemand auftaucht, nicht für einen Eindringling gehalten werden. Wieder verhallt es ungehört. Schade, denn zu gern hätte ich erfahren, wer sich hier am Tag vor dem Leichenfund ein Boot ausgeliehen hat. Existiert allenfalls ein Reservations- oder Fahrtenbuch? Hängt irgendwo eine Liste, der man die Namen der Ruderer entnehmen könnte? Meine indiskrete Inspektion fördert nichts Entsprechendes zutage.

Enttäuscht verlasse ich das Bootshaus. Vor mir liegt der hölzerne Einwasserungssteg mit der unübersehbaren weißen Markierung: ›Privat – Seeclub Thun – Privat!‹ Die Beschriftung weckt die Vermutung, dass Mitglieder des konkurrierenden Ruderclubs abgeschreckt werden sollen. Mit dem Entscheid, entweder dem See- oder dem Ruderclub beizutreten, würden Weichen und Ruder fürs Leben gestellt, heißt es landläufig. Ob das seit Kurzem auch fürs Sterben gilt?

Als ich im Begriff bin, den überdeckten Vorplatz in Richtung der Kleistinsel zu verlassen, ertönt im Clubhaus hinter mir ein lauter Knall. Ist doch wer dort?

Ich kehre gespannt zwischen die Bootsstapel zurück. Dieses Mal verhalte ich mich möglichst ruhig. Kein freundliches ›Hallo‹ soll mein erneutes Eindringen verraten. Ich pirsche in geduckter Haltung durch das Magazin. Vor der Rückwand bleibe ich verblüfft stehen. Die Schwimmweste baumelt fast unmerklich am Riemen hin und her. Das zerbrochene Ruder liegt jetzt am Boden. Warum ist es umgefallen? Habe ich es selbst unbemerkt touchiert? Ist es danach langsam in Schräglage geraten und schließlich auf den Boden gefallen?

Ich habe diesen Gedanken noch nicht fertig gesponnen, da schleifen Schuhsohlen auf dem Betonboden. Aus der gegenüberliegenden Ecke lösen sich zwei Silhouetten, die aufgeschreckt das Weite suchen.

»Halt da!«, rufe ich den Gestalten nach. Meine Aufforderung zeigt keine Wirkung. Die Flucht weckt mein Misstrauen und den Jagdinstinkt gleichermaßen. Ohne Zögern nehme ich die Verfolgung auf.

So weit rechter Hand die Umzäunung eines privaten Grundstücks und der Aarelauf links das Ausscheren verhindert, rennen die beiden Ertappten den Fußweg flussaufwärts. Kopflos spurte ich ihnen nach und bringe dabei bedauerlicherweise ein Kleinkind samt Trottinett zu Fall. Für eine Entschuldigung fehlt die Zeit. Ich behalte die Flüchtenden im Auge. Ihre unterschiedlichen Bewegungsmuster und ein offensichtlicher Größenunterschied lassen mich einen Mann und eine Frau vermuten. Was haben sie auf dem Kerbholz?

Am Ende des weißen Lattenzauns biegt das fliehende Paar nach rechts ab und überquert ungehindert ein freies Rasenstück. Dort wendet sich eine der Gestalten kurz zu mir um. Ich glaube sie zu erkennen. Allerdings verliere ich die Verdächtigen gleich darauf aus den Augen. Kein Grund, die Verfolgung abzubrechen. Wenn ich mich nicht irre, bin ich Niklaus Weihermann und Eva Rechberger auf den Fersen!

An einer alten Platane lehnt ein herrenloses Fahrrad. Ohne Skrupel entwende ich das Gefährt, schwinge mich auf den schmalen Rennsattel und trete wie der Favorit der Tour de Suisse in die rostigen Pedale. Da erst realisiere ich, dass ein undichter Veloschlauch und ein platter Pneu um die Hinterachse eiern. Mit größtem Krafteinsatz suche ich den Mangel wettzumachen. Ich umfahre eine von Efeu überwucherte Villa im Uhrzeigersinn, verfehle haarscharf ein akkurat gehegtes Rosenbeet, verhindere im letzten Augenblick eine Kollision mit einem Robidog und radle schließlich parallel zu einer Bambushecke. Dank meiner verwegenen Fahrweise und der optimierten Routenwahl geraten die Verfolgten erneut in mein Visier.

Sie stürmen entlang des Schiffskanals Richtung Hauptbahnhof. Ich hole auf und reduziere kontinuierlich den Abstand. Noch bevor sie den belebten Bahnhofplatz erreicht haben, werde ich sie eingeholt und zum Stillsand gezwungen haben.

»Haltet sie! Haltet sie!«, fordere ich unbeteiligte Passanten auf, so laut es mein kurzer Atem zulässt.

Auf den Sitzbänken an der Promenade wenden Menschen verwundert ihre Köpfe. Von einer Schülerschar, die beim Wendeplatz der Linienbusse fettige Hotdogs verdrückt, ertönt spontane Begeisterung. Leider ergreifen die jungen Leute nicht für mich Partei. Sie feuern mit ›Hop Schwiz!‹ und ›Seckle, seckle!« Eva Rechberger und Niklaus Weihermann an.

Ich kurve um bepflanzte Blumenkübel, falsch geparkte Autos, irritierte Spaziergänger und posaune mir in Ermangelung einer intakten Fahrradklingel den Weg frei: »Platz da! Macht Platz!«

Der Kapitän der ›Berner Oberland‹ lässt vor Ländte Nummer acht das Schiffshorn erklingen und verpasst der Szenerie einen wirkungsvollen Soundtrack. Die Treibjagd hat sich inzwischen in die Trauerallee verlagert, die nach dem Bau des Hochwasser-Entlastungsstollens von einer Schulklasse gepflanzt worden ist. Noch zirka zehn Meter, und ich werde Eva Rechberger und Niklaus Weihermann zur Aufgabe zwingen. Ich werde sie überholen, vom Rad springen und ihnen den rostigen Klepper vor die Füße schleudern.

In unmittelbarer Nähe zum Ticketcorner der Schiffsbetriebe BLS füttert ein Rentnerpaar ahnungslos weiße Schwäne. Als der Greis das heranstürmende Paar und mein Rufen realisiert, glaubt er seine Heiligsprechung mit einer Wundertat begründen zu müssen. Der Betagte stellt sich den jungen Menschen mit ausgebreiteten Armen entgegen, wie die Jesusstatue auf dem Corcovado bei Rio de Janeiro.

Niklaus Weihermann und Eva Rechberger scheinen wenig beeindruckt. Sie rammen den Alten kurz nacheinander mit voller Wucht. Dieser vollführt zuerst eine halbe Linksdrehung und danach eine Pirouette im Uhrzeigersinn. Dabei verliert er das Gleichgewicht und stürzt in die Arme seiner Ehefrau. Sie hat gerade noch rechtzeitig den weißen Papiersack mit den Brotbrocken in die Luft geschleudert, um ihren Lieben vor Schlimmerem zu bewahren. Diese artistische Einlage entfesselt seitens der Schülerschaft frenetischen Applaus.

Dann trifft das ein, was ich vom Beginn weg zu verhindern gehofft habe: Die Verfolgten erreichen unbehelligt den Bahnhofplatz, überqueren ohne Rücksicht auf den rollenden Verkehr die Fahrbahn, schlängeln sich zwischen den wartenden Taxis hindurch und tauchen im Gewimmel der Perron-Unterführung unter.

Ich suche es den beiden gleichzutun, missachte den Vortritt der Fußgänger und die Vorfahrt der Automobilisten. Ein gelber Gelenkbus der städtischen Betriebe stoppt jedoch meine Weiterfahrt und beendet die Verfolgungsjagd vorzeitig.

Heftig keuchend und schwer enttäuscht, beabsichtige ich, Hauptmann Geissbühler zu alarmieren. Bei dieser Gelegenheit muss ich feststellen, dass ich die Tasche, der ich mein Mobiltelefon zu entnehme trachte, gar nicht mehr bei mir trage. Mist! Wo habe ich sie verloren?

Ich pedale suchend zum Seeclub zurück, ohne auf die

Ledertasche zu stoßen. Wenn mein Zeug in der Zwischenzeit nur nicht geklaut wurde!

Ich lehne das Fahrrad an den Baumstamm, von wo es kurz zuvor entwendet wurde, und hoffe, im Bootshaus fündig zu werden. Diese Hoffnung stirbt zuerst. Die rot-weiß kassettierten Tore des Clubhauses sind inzwischen verschlossen worden.

Hilfe suchend sperbere ich um mich. Auf dem dunkelgrünen Kanal rudert ein älterer Mann mit Sonnenbrille und grauer Strickmütze. Ich warte, bis er angelegt hat und sich mit den Skulls auf die Holzbohlen stützt. Der bärtige Wassersportler trägt kurze, schwarze Hosen, ein weißes T-Shirt und eine graue, ärmellose Faserpelzweste.

Ich trete zu ihm auf den Steg. »Entschuldigung. Sind Sie zufälligerweise Mitglied im Seeclub?«

Anstelle einer Antwort erwidert er: »Hanspudi, wir kennen uns doch!« und lächelt schelmisch.

Tatsächlich. Im nadelschlanken Skiff sitzt Gerd Schaller, ein alter Bekannter. Ich habe ihn in seinem sportlichen Outfit nicht sogleich wiedererkannt. Erfreut reiche ich dem ehrenamtlichen Kassier der Kunstgesellschaft die Hand. Er aber ergreift sie nicht. Warum das?

»Bei solchen Booten braucht es wenig, dass man kentert. Die sind ziemlich unstabil«, entschuldigt er seine Verweigerung und fügt versöhnlich hinzu: »Es soll' gelten. Was führt dich an die Aare?«

Ich erkläre Gerd Schaller mein Anliegen. Darauf

turnt er aus dem Boot und zerrt es ans Trockene. Er kennt das Versteck der Schlüssel, öffnet das Clubhaus und hilft mir bei der Suche nach dem vermissten Gepäck. Gemeinsam finden wir es bereits nach wenigen Minuten.

»Würdest du mir einen weiteren Gefallen erweisen?«, wage ich Gerd zu bitten.

Er mustert mich erwartungsvoll und nickt.

»Wird von den Mitgliedern zufälligerweise ein Fahrtenbuch geführt?«

»Klarer Fall, kein Zufall. Es liegt im ersten Stock. Warum interessierst du dich dafür?«

Ich zögere. »Es geht mir in erster Linie um die Ausleihen vom letzten Mittwoch. Würdest du mich einen kurzen Blick hineinwerfen lassen?«

»Kein Problem. Folge mir!« Er zieht seine Strickmütze vom Kopf, geht voran und stapft die knarrende Holztreppe hoch. Oben liegt ein offenes Ringbuch auf einem Ecktisch. Daneben steht eine verschlossene Kartonschachtel mit dem Aufdruck eines bekannten Computerherstellers.

»Letzte Gelegenheit, handschriftliche Einträge zu tätigen«, kommentiert Gerd Schaller stolz. »Ab nächster Woche führen wir das Fahrtenbuch digital.«

»Ausnahmsweise scheine ich mal Schwein zu haben«, stelle ich fest.

»Dasselbe meinte gestern auch der Polizist, nachdem er die Listen fotografiert hatte.«

»Aha?«, bemerke ich interessiert und schiebe Gerd zur Seite. »Lass mich mal sehen! Volià! An jenem Mittwoch wurden zwei Skiff und ein Dreier benutzt. Hier, diese Unterschriften sind die Beweise!«

»Wovon redest du?«, wundert sich Gerd Schaller.

»Weihermann und Füssli fuhren zur selben Zeit auf dem Wasser.«

»Was soll das beweisen? Adam und Robert trainieren mehr oder weniger regelmäßig. Manchmal sogar gleichzeitig. Selten gemeinsam.«

Ich horche auf. »Robert? Willst du damit sagen, dass es die Unterschrift des Vaters ist?«

»Selbstverständlich. Nur Robert Weihermann ist bei uns als Mitglied eingetragen«, erklärt Gerd Schaller.

28

Bevor das Liebespaar die Schweiz Richtung Italien verlassen konnte, ist es im internationalen Schnellzug von Walliser Beamten angehalten worden. Widerstandlos haben sich Niklaus und Eva von der Polizei nach Thun begleiten lassen.

»Was machst du für Sachen, Evchen? Komm, die Welt ist groß«, tröstet Martha Rechberger ihre Tochter.

Eva Rechberger kauert wie ein Häufchen Elend auf dem Stuhl im Korridor der Kantonspolizei, während Hauptmann Anton Geissbühler hinter verschlossenen Türen Niklaus Weihermann befragt.

Zusammen mit Frau Rechberger, ihrer Tochter und Niklaus' Vater warte ich darauf, dass jemand Licht in die Ereignisse der letzten Tage bringt.

Eva scheint untröstlich. Die Beschwichtigungen ihrer Mutter verhallen wirkungslos. Robert Weihermann starrt Löcher in die Wand. Ich überlege mir die ganze Zeit, wer hier eigentlich mit welchen Anschuldigungen konfrontiert wird.

Eines steht fest: Niklaus Weihemann hält zurzeit die schlechtesten Karten in Händen. Einerseits wird er nach wie vor von der Museumsdirektorin beschuldigt, den Krug zerbrochen zu haben. Andererseits, und das ist weit gravierender, dürfte er bei der Polizei als Hauptverdächtiger im Mordfall Füssli gelten. Es sollte mich nicht wundern, würde ihm nun zusätzlich die Entführung von Eva Rechberger zur Last gelegt. Jedenfalls scheint der junge Töpfer für die Rolle des schwarzen Schafs prädestiniert zu sein.

Martha Rechberger schätze ich in erster Linie als Verteidigerin der Unschuld ihrer Tochter ein. Evas Rolle bleibt weiterhin nebulös. Die Gymnasiastin scheint gleichzeitig das Opfer eines Übergriffs, die Zeugin eines Schadenereignisses und die Komplizin eines mutmaßlichen Mörders zu sein. Mit Robert Weihermann ist mein ursprünglicher Auftraggeber und Niklaus' Beschützer zugegen. Dass ich in diesem kriminellen Durcheinander von Hauptmann Geissbühler als externer Berater hinzugezogen werde, ehrt mich und wird zum Jahresende die Bilanz der Detektei aufbessern, und zwar unabhängig vom Erfolg.

Die Tür des Sitzungszimmers wird geöffnet und zwei uniformierte Beame begleiten den kreidebleichen Niklaus Weihermann heraus. Ich beobachte, wie er seiner Eva einen verzweifelten Blick zuwirft. Offensichtlich verbleibt der Mann in Untersuchungshaft. Allerdings vermute ich, dass sich Hauptmann Anton Geissbühler mit diesem Entscheid vorläufig auf ziemlich dünnem Eis bewegt.

Als Nächster wird Vater Weihermann vorgeladen. Er erhebt sich mühsam und wirkt in diesem Moment bemitleidenswert angeschlagen. Der Hauptmann steht im Türrahmen und empfängt ihn betont jovial. Dann wird die schalldichte Tür erneut geschlossen und ich bleibe mit den beiden Frauen im Korridor sitzen.

Eva Rechberger hat sich inzwischen etwas gefasst und putzt die Nase. Ihre Mutter nestelt in ihrer Handtasche und entnimmt ihr eine Lesebrille. Aus einem Wandhalter fischt Martha Rechberger einen Prospekt mit Sicherheitstipps für Eigenheimbesitzer und blättert darin unkonzentriert. Nach wenigen Augenblicken hebt sie den Kopf, schiebt die Brille ins Haar und wendet sich an ihre Tochter. »Evchen, verrate mir bitte, warum ihr die Schweiz habt verlassen wollen?«

Statt die Bitte ihrer Mutter zu erfüllen, stellt Eva eine Gegenfrage: »Mami, warum nur hast du von mir verlangt, den Alten in Schutz zu nehmen?«

Aufgebracht erwidert die Angefeindete: »Du Dummchen. Dich habe ich damit in Schutz genommen, dich ganz allein. Begreift du denn noch immer nicht, dass sich der saubere Gerichtspräsident zu wehren gewusst hätte, wenn wir ihn angezeigt hätten? Bestimmt hätte er alles abgestritten. Wie hätten wir ihm irgendetwas beweisen können? Am Ende hätte er dir Vorwürfe gemacht und deinen guten Ruf ruiniert.«

Offenbar haben Eva und Martha Rechberger bisher nicht mitbekommen, dass Adam Füssli tot ist.

»Niklaus hätte mir dann schon geholfen«, trotzt das Mädchen.

»Pah!«, winkt Martha Rechberger ab. »Niklaus hätte überhaupt nichts tun können. Der sitzt selbst in der Patsche. Was glaubst du eigentlich, was seine Aussage vor Gericht wert ist? Er wird nicht als Zeuge vorgeladen, sondern als Angeklagter vorgeführt.«

Das lässt Eva nicht gelten. »Die Videoaufnahmen werden Niklaus' Unschuld bewiesen.«

Noch bevor ihre Mutter gekontert hat, erscheint Hauptmann Geissbühler und mahnt in väterlichem Tonfall: »Meine Damen, entladen Sie das Fuder nicht schon im Korridor, falls sie das Heu nicht ganz auf derselben Bühne haben sollten.«

Die Befragung von Martha und Eva Rechberger erfordert viel Zeit.

Endlich werde ich aufgefordert, im Sitzungszimmer der Kantonspolizei Platz zu nehmen. Seit meinem letzten Besuch haben sich hier sowohl die Möblierung als auch der Wandschmuck radikal verändert. Zu ihrem ästhetischen Nachteil. Fotoposter von monströsen Musclecars und schweren Motorrädern haben die Originalgrafik der regionalen Künstlerschaft verdrängt. Bugholzlehner sind höhenverstellbaren Plastikstühlen gewichen.

Derart radikale Veränderungen einer Einrichtung basieren nicht selten auf vorgängigen Personalentscheiden. Das gilt meiner Meinung nach genauso für den privaten Bereich. Hängt die Tochter die Poster um, hängt sie höchstwahrscheinlich mit einem neuen Typen rum. Verschiebt die Gattin die Möbel nach den Gesetzen von Feng-Shui, ist im Eheleben die höchste Alarmstufe angezeigt. Und glimmen im Chefbüro unerwartet Duftkerzen, ist dies ein untrügerisches Zeichen dafür, dass das Herz einer Sekretärin zum Schmelzen gebracht werden sollen.

Anton Geissbühler setzt meiner Verwunderung ein Ende. »Ich denke, die ganze Sache erscheint in einem neuen Licht.«

Ich mustere irrtümlich die neuen Beleuchtungskörper. Natürlich redet der Hauptmann von den Ergebnissen seiner Befragungen. »Wie sieht der neuste Stand der Dinge aus?«

»Bezüglich des zerbrochenen Krugs liegen die Fakten grosso modo auf dem Tisch.«

»Martha Rechberger hat Niklaus Weihermann zu Unrecht beschuldigt?«, nehme ich vorweg.

»So ist es. Allerdings nicht unabsichtlich«, bestätigt er.

Ich hake nach: »Sie meinen, Frau Rechberger hat dem Freund ihrer Tochter die Zerstörung vorgeworfen, obschon sie von Beginn weg wusste, dass er nicht der Täter ist?«

»Richtig. Es erschien ihr als das kleinere Übel, Eva an einen Elefanten im Porzellanladen zu verlieren als an ein Schwein im Löwenschlitten«, stellt Geissbühler drastisch fest.

»Bleibt Niklaus Weihermann weiterhin in Untersuchungshaft?«

»Es bestehen weiterhin Verdunkelungs- und Fluchtgefahr«, bestätigt der Hauptmann. »Niklaus Weihermann hat sich offenbar Adam Füsslis Haarteil geschnappt, im väterlichen Betrieb Zugriff zu einer Handfeuerwaffe gehabt und zum Zeitpunkt der Bluttat möglicherweise ein Boot gerudert. Auf den Richter wurden zwei Schüsse abgegeben. Der eine hinterließ im Schädel einen Schusskanal, der auf eine Neunmillimeterwaffe schließen lässt.«

»Die Armeepistole 49?«

»Eine SIC P-210 käme als Tatwaffe durchaus infrage.«

»Könnte nicht ebensogut Eva Rechberger ihren Peiniger liquidiert haben?«

»Grundsätzlich schon. Selbst ihre Mutter könnte hinter der Tat stecken. Vor allem, wenn sie Videoaufnahmen der Überwachungskameras zu Gesicht bekommen haben und damit mediale Zeugin der Geschehnisse im Schlosskeller geworden sein sollte.«

»Und der alte Weihermann?«

»Ja, auch er hätte ein Motiv«, ist Anton Geissbühler überzeugt. »Er könnte die Tat stellvertretend für seinen Sohn verübt haben.«

»Wie wahrscheinlich wäre ein Racheakt aus Füsslis Umfeld der ungeklärten Todesfälle?«

Hauptmann Geissbühler schielt kurz auf seine Armbanduhr und hebt die Augenbrauen. »Denken Sie an den verschollenen Alpinisten aus Interlaken, Herr Feller?«

»Beispielsweise. Falls einer der Hinterbliebenen noch immer der Überzeugung sein sollte, dass der damalige Mitbewerber von Füssli aus dem Weg geräumt worden ist, müsste Selbstjustiz in Betracht gezogen werden.«

»Wir haben damals gründlich untersucht, ob der Thuner Richter seine Unterstützung der alpinen Suchtrupps dazu missbraucht hatte, die Leiche verschwinden zu lassen«, informiert Anton Geissbühler. »Es gibt im Gebiet des Gspaltenhorns verlassene Grotten, Höhlen und Kluften einheimischer Strahler. Die Kristallsucher schließen nach der Ausbeute ihre Fundorte und überlassen es dem Zufall, ob diese je wieder von Menschenhand aufgebrochen werden.«

»In einer solchen Kluft vermutete die Polizei die Gebeine des Alpinisten?«

Hauptmann Geissbühler streicht sich mit Daumen und Zeigefinger das bartlose Kinn. »Richtig. Aber diese Annahme konnte nicht erhärtet werden. Inzwischen ist der Fall verjährt und der Verschollene für tot erklärt worden.«

Ich lasse nicht locker. »Und was ist mit den Familienangehörigen der beiden verstorbenen Ehefrauen von Adam Füssli? Kam es da nicht mal zu einer aufsehenerregenden Szene im Richteramt?«

»Auch dazu sind die Ermittlungen längst eingestellt worden«, informiert der Hauptmann. »Schon möglich, dass trotzdem irgendwer auf eigene Faust weiter ermittelt hat, mit der fixen Idee, Füssli habe das Ableben der einen oder anderen Gattin verschuldet.«

»Dann dürfte so ziemlich alles fraglich bleiben?«

»Ja und nein«, relativiert Anton Geissbühler und vertraut mir nach kurzem Überlegen an: »Sie müssen wissen, Herr Feller, dass eine der befragten Personen soeben ein Geständnis abgelegt hat.«

Ich werfe meinen Oberkörper demonstrativ in die Stuhllehne zurück. »Was? Und Sie spannen mich mit einer endlosen Parade möglicher Täter und Motive unnötig auf die Folter?«

Er beschwichtigt: »Wir müssen das Geständnis erst noch überprüfen.«

»Nur Niklaus Weihermann wird festgehalten. Spricht dieser Umstand nicht für sich?«

29

Letzte Nacht habe ich von gebratenen Wachteln geträumt.

Wie gewohnt, absolviere ich mein Training auf dem Vitaparcour im Schorenwald. Ich biege in den Trampelpfad ein, der zur ersten Schautafel mit den empfohlenen Dehnungsübungen führt. Dazu passiere ich ein einsames Transfomerhäuschen. Kaum vorbei, werde ich von hinten beworfen. Im ersten Moment vermute ich Tannzapfen als Wurfgeschosse. Es sind jedoch gebratene Wachteln. Ich bleibe stehen und wende mich um, ohne die Wachtelwerfer zu sichten. Von allein wird das gerupfte Geflügel aber kaum geflogen sein. Da singen unvermittelt alle Vöglein. Ich wische mir das Bratfett vom Hinterkopf und jogge verwundert weiter.

Irgendwo stößt ein Jäger in sein Horn. Als ich kurz darauf die Muskulatur der Oberschenkel stretche, hüpft plötzlich ein Eichhörnchen mit erhobenem Schweif hervor und zeigt mir die lange Nase. Das reicht! Ich erwache aus dem Traum und rätsle über dessen verborgenen Sinn nach.

Artet Fühlen in Denken aus, bedeutet es nicht selten das Ende. Auch meine Gefühle zu Eleonore Günther werden nochmals gründlich überdacht. Fazit: Ich mag sie. Ellen ist unzweifelhaft meine beste Freundin.

Und dennoch: Den Platz einer festen Lebenspartnerin wird sie kaum je einnehmen. So direkt habe ich ihr das bisher nicht eröffnet. Ich wünschte, sie käme selbst drauf und mir bliebe das Geständnis erspart. Andrerseits muss ich einräumen, dass sie ihrerseits ebenso wenig von Liebe gesprochen hat. Was empfindet sie? Wie verlaufen ihre Gedankengänge?

Eleonore Günther und ich spazieren auf dem Trottoir, nachdem wir an die frische Luft hinausgetreten sind. Zuvor ist es in der Detektei zu einer kleinen Verstimmung gekommen. Meine Besucherin hat unverhofft die Frage aufgeworfen, wann wir ›eigentlich endlich mal‹ gemeinsame Ferien buchten. Ich habe darauf zu unwirsch reagiert.

»Ellen, bist du nicht ebenfalls der Meinung, dass der Zeitpunkt, Urlaubspläne zu schmieden, unpassend gewählt ist?«

Ich hätte es besser wissen müssen.

Eleonore Günther hasst Suggestivfragen. Das hat sie mir des Öfteren unmissverständlich zu verstehen gegeben. Heute begnügt sie sich mit entnervtem Schnauben. Damit steht der Match bei 1:1. Der Punktegleichstand dürfte die Ursache dafür sein, dass wir die ersten paar Meter wortlos nebeneinander herzotteln.

»Wollen wir einkehren?«, schlage ich vor, als das Restaurant ›Burehus‹ in Sichtweite rückt.

Sie willigt ein und entschärft damit die Beziehungsbombe. Wir setzen uns auf die Terrasse des Lokals und harren zwischen südlichen Topfpflanzen der Bedienung. Auf der Rampe zur ehemaligen Heubühne spielen Kinder. Ein alter Nussbaum spendet ihnen Schatten. An unserem Nebentisch spotten Angestellte einer nahen Bauunternehmung über ihre Vorgesetzten. Im Halbdunkel des verwaisten Speisesaals studiert ein Senior Todesanzeigen im Amtsanzeiger.

Ein flinker Kellner in schwarz-weißer Montur ist bald zur Stelle. Ich bestelle eine Flasche süffigen Rosé. Kaum steht er im Eiskübel neben dem Tisch, fordere ich Eleonore Günther auf: »Schenk' mir gleich ein!«

Der Kellner blickt überrascht über die Schulter zurück und erkennt, dass die Aufforderung nicht ihm, sondern meiner Begleitung gilt.

Eleonore Günther spielt mit. Sie kontert in theatralischem Tonfall: »Eins ist der Herr, zwei das finstre Chaos und drei die Welt!«, und gießt reinen Wein ein. Anschließend neigt sie sich zum unbesetzten Nebentisch, serviert ein Glas ab und füllt auch dieses bis unter den Rand.

»Erwartest du noch jemanden?«, wundere ich mich.

Schalkhaft erklärt sie: »Drei Gläser lob' ich mir!«

Das habe ich nun davon, von meinem gelehrigen Kleist-Zitat. Entweder hat meine Begleiterin daran Gefallen gefunden, oder sie ist eben im Begriff, es mir in gleicher Währung heimzuzahlen.

Eleonore Günther verlangt erneut nach der Bedienung. Bis diese reagiert, rezitiert sie: »Käse muss die Zunge wecken, soll danach der Wein mir schmecken.«

Der Garçon quittiert unsicher: »Ähm, soll ich Ihnen ein Chäsplättli bringen, Madame?«

Meine fidele Tischgenossin nickt schmunzelnd. Als der Kellner das Gewünschte serviert, reicht sie ihm das dritte Glas mit der Einladung, mit uns anzustoßen. Schwer zu beurteilen, ob sie damit ihn oder mich mehr überrascht hat.

Der Kellner stellt das Glas zurück, nachdem er höflichkeitshalber daran genippt hat und verabschiedet sich mit kaum vernehmbarem »Merci«.

Gelassen wendet sich Eleonore Günther an mich und meint: »Hanspeter, was ich dich schon lange mal fragen wollte …«

Diese Einleitung weckt meine Neugierde.

Statt diese zu stillen, lächelt Eleonore geheimnisvoll.

»Sag' schon!« dränge ich. »Oder muss ich raten?«

Sie hebt das Glas an ihre Lippen, als erübrigte diese Geste weitere Ausführungen. Dann aber stellt sie es zurück, ohne getrunken zu haben. Nach kurzem Sinnieren fragt sie: »Was ist nun mit unserem Urlaub?«

Meine weinselige Laune gerät ins Wanken. Ich schütze erneut Überlastung vor, mache mein Versprechen geltend, mit Stefan Lüthi demnächst nach Rust in den Europapark zu fahren und zementiere den Vorsatz, baldmöglichst den Fahrausweis für Personenwagen nachzuholen.

Am Ende des Rattenschwanzes ausgemachter Ausreden kommentiert Eleonore Günther trocken: »Ich kenne das inzwischen zur Genüge, Hanspeter. Als Entschuldigung dafür, dass du keinen Termin findest, zählst du auf, wofür du dir tatsächlich Zeit nimmst.«

30

Lange her, seit ich mir zum letzten Mal ein Gläschen tunesischen Rebensaft gegönnt habe. Nicht dass ich freiwillig auf meinen Lieblingswein verzichtet hätte. Ich habe den Syrah Mornac nirgendwo mehr auftreiben können. Vergeblich habe ich mich im lokalen Fachhandel und im Internet nach der unverwechselbaren Keulenflasche aus dunkelbraunem Glas umgesehen. Der kräftige Tropfen fehlt in allen Regalen. Liefert die Villa Kassàr den Grand Cru nach dem Minarettverbot nicht mehr in die Schweiz?

Jemand schlägt mit der Faust mehrmals gegen die Bürotür. Sie ist unverschlossen. Mit halb offenem Mund stürzt ein Mann in Arbeiterkleidung herein. Es ist Robert Weihermann.

»Herr Feller, Sie müssen mir weiterhelfen«, fleht er verzweifelt.

Überrumpelt erhebe ich mich und reiche zögerlich die Hand.

»Niklaus kommt nicht frei!«, klagt der Töpfermeister.

»Das ist mir bekannt. Ihr Sohn befindet sich in Untersuchungshaft«, bestätige ich ruhig.

»Niklaus ist unschuldig«, behauptet Robert Weihermann trotzig und schiebt nach: »Hauptmann Geissbühler weiß das auch.«

»Was?«, erkundige ich mich, vom überfallartigen Besuch noch immer irritiert.

»Dass mein Sohn den Füssli nicht zu Fall gebracht hat.«

Ich zweifle.

Vater Weihermann klaubt umständlich ein Schnupftuch aus der Hose und wischt sich die Stirn. Darauf faltet er mit unsicherer Hand den karierten Lappen zusammen und lässt ihn wieder verschwinden.

»Könnte es sein, dass Niklaus bereits ein Geständnis abgelegt hat?«, forsche ich nach.

Völlig stober und ungläubig glotzt mich der Alte an. »Er? Ein Geständnis? Davon weiß ich nichts.«

Ich insistiere.

Da entfährt Robert Weihermann ein rohes Lachen. Er schüttelt die schüttere Haartracht und meint höhnisch: »Mir macht keiner was vor, Herr Feller. Ich kann Ihnen nämlich genau sagen, wer sich seit gestern der Tat bezichtigt: Ich selbst bin es!«

Ich zweifle und erkundige mich: »Tatsächlich?«

»Jawohl! Ich habe Adam Füssli versenkt.«

»Wenn Sie ein Geständnis abgelegt haben und trotzdem frei herumlaufen, wird es Ihnen die Polizei kaum abgenommen haben.«

»Das ist ja das Problem. Hauptmann Geissbühler meint, ich beabsichtige die Freiheit meines Sohnes zu erschwindeln. Aber dem ist nicht so.« Er blickt zur Wand und behauptet: »Ich habe den Richter gerichtet!«

Ich quittiere mit einem schlichten »Aha.«

»Adam Füssli hat es verdient, nach allem, was er angerichtet hat. Jetzt zähle ich auf Ihre Unterstützung, Herr Feller. Überzeugen Sie Hauptmann Geissbühler von meiner Schuld. Befreien Sie Niklaus!«

Mit Daumen und Zeigefinger der rechten Hand zwirble ich ein Härchen der rechten Augenbraue und verkünde meinem Klienten: »Herr Weihermann, warum nimmt Ihnen Hauptmann Geissbühler Ihre Geschichte nicht ab?«

Robert Weihermann schnaubt wie ein zorniger Ochse. »Was wollen Sie von mir hören?«

»Schildern Sie mir den Tathergang von der Vorbereitung bis zur Ausführung. Mit überprüfbaren Fakten werde ich die Polizei vielleicht umstimmen und Niklaus entlasten können.«

Robert Weihermann willigt ein. »Wie Sie meinen. Nie hätte ich erwartet, dass es schwieriger sein würde, meine eigene Schuld zu beweisen, als den Mord zu verüben.«

Ich suche seinen Blick.

Der alte Mann beginnt zu berichten: »Das Unheil nahm vor 40 Jahren seinen Anfang.«

31

»Adam Füssli und ich besuchten gemeinsam die Primarschule«, erzählt Robert Weihermann. »Nach der vierten Klasse wechselte Adam, oder Ädä, wie er damals gerufen wurde, in die Sekundarschule. Unsere Wege trennten sich. Ich absolvierte anschließend eine Töpferlehre, besuchte die Fachklasse an der Kunstgewerbeschule Bern und übernahm den väterlichen Betrieb. Ädä schaffte die Matur und studierte Jura.«

»Sie verloren sich ganz aus den Augen?«, frage ich nach.

»Nur vorübergehend«, meint Robert Weihermann. »In der Rekrutenschule in Chur kreuzten sich unsere Wege erneut. Im Brennpunkt stand eine junge Frau. Es ging um Therese, meine zweitälteste Schwester.«

»Hatte sie sich in Adam Füssli verguckt?«

»Wo denken Sie hin, Herr Feller!«, korrigiert der Töpfer entrüstet. »Das Herz meiner Schwester war für Enrico Da Colla entbrannt, einen italienischen Saisonier. Der Bauarbeiter war vier Jahre älter als sie. Wenn er auf dem Bau lauthals sein ›O sole mio‹ schmetterte, stand Therese an der rot-weiß gestreiften Abschrankung und himmelte ihren Enrico an.«

»Wussten Ihre Eltern von der Schwärmerei?«

»Spätestens als Therese den italienischen Liedtext lücken- und pausenlos vor sich hin trällerte.«

»Und wie reagierten sie?«

»Entsetzt.«

»Wegen dem Altersunterschied?«, vermute ich.

»Nein, nicht deshalb. Die vier Jahre wären in Ordnung gegangen. Der ›Tschingg‹ störte!«

»Was meinen Sie damit?«

»Herr Feller, Ihrem geschätzten Alter nach, müssten Sie sich eigentlich noch an den Spottvers erinnern, der den Gastarbeitern damals nachgerufen wurde.« Robert Weihermann rezitiert in Kauderwelsch: »Tschigge, l'amore di vesta, e frächi Schnurre, das heschta!«

»Stimmt, das Sprüchlein ist mir bekannt«, gestehe ich. »Wir hielten den Italienern ein freches Mundwerk vor. Dabei waren wir vermutlich bloß verärgert, dass wir ihre Sprache nicht verstanden.«

»Man hatte sich billige Arbeitskräfte ins Oberland geholt und angenommen, sie würden nach Feierabend brav in den Baubaracken rumsitzen und Bier trinken. Stattdessen verließen sie die Gettos und flanierten am Aarequai.«

»Die braun gebrannten Gastarbeiter wussten sich herauszuputzen«, bestätige ich. »Sie machten uns Landeiern vor, wie die Aufmerksamkeit des weiblichen Geschlechts zu gewinnen wäre.«

Robert Weihermann fährt fort: »Erst, als diesseits der Alpen Spaghetti und Pizza auf den helvetischen Menüplan rückten, begannen die Ressentiments gegen unsere südlichen Nachbarn allmählich zu schwinden.«

Ich bestätige: »Langfristig verschließt sich halt nur Einfalt der Vielfalt.« Dabei kommt mir der BLIGGs Immigranten-Song wieder in den Sinn.

»Hätte sich das nur auch Adam Füssli zu Herzen genommen. Stattdessen betrieb er gezielten Rufmord. Öffentlich beschimpfte er Therese als ›Tschinggen-Hure‹. Möglicherweise hatte er selbst ein Auge auf sie geworfen.«

»Haben Sie Adam Füssli mal darauf angesprochen?«

Der alte Mann blickt mich traurig an. »Unmöglich. Das Schlimmste habe ich Ihnen nämlich noch nicht erzählt, Herr Feller. Enrico Da Colla war gar kein richtiger Fremdarbeiter.«

»Richtig?«, wiederhole ich.

»Ich spreche von Legalität«, verdeutlicht Robert Weihermann. »Enrico lebte als Schwarzarbeiter in der Schweiz. Das hatte Adam Füssli irgendwie herausgefunden. Darauf verpfiff der übereifrige Jurastudent den Freund meiner Schwester bei den Behörden. Die Anzeige stellte die beiden vor die Wahl, entweder gemeinsam nach Italien zu ziehen oder die Beziehung zu beenden. Kurz darauf passierte es.«

Ich blicke ihn fragend an.

»Das Schlimmste. Es stand im Tagblatt. Ich erinnere mich bis zum heutigen Tag an jedes einzelne Wort:

›Gestern früh ist auf dem Holzsteg im Schilfgürtel des Gwattlischenmoos ein junges Paar tot aufgefunden worden. Aufgrund seiner Lage muss von einer Selbsttötung ausgegangen werden: Fuß an Fuß, sie liegend, er vor ihr sitzend. Es sind drei abgefeuerte Pistolen sichergestellt worden. Nach unbestätigten Hinweisen soll es sich bei der männlichen Leiche um einen italienischen Staatsangehörigen handeln. Zur Identität der Frau liegen bisher keine Angaben vor.‹«

»Therese und Enrico?«

Weihermann schluckt leer. »Sie haben den Anfeindungen nicht standgehalten. Mit dem Rufmord und der Anzeige hat Adam Füssli das Liebespaar in den Tod getrieben. Und dafür habe ich ihm damals Vergeltung geschworen!«

Ich wundere mich. »Stattdessen ist er jedoch Stammkunde in Ihrer Töpferei geworden?«

»Richtig, Herr Feller. Und dieser Umstand mag Sie eigenartig anmuten. Sie müssen mich aber verstehen: Als Adam Füssli anfing, Majolika zu sammeln und bei mir großzügige Einkäufe zu tätigen, begann mein Groll etwas zu schwinden.«

»Das tönt gut. Passt jedoch nicht«, wende ich ein.

Robert Weihermann fixiert mich.

Ich präzisiere: »Der geschwundene Groll passt nicht zur gestandenen Tat.«

32

Wie und wo werden Sorgen entsorgt? Vor diesem Dilemma stand Robert Weihermann, als er feststellen musste, dass der einstige Jugendgefährte Adam Füssli die Freundin seines Sohnes begehrte.

Die Lösung lautete: Indem man das Übel an der Wurzel packt! Der üble Rechtsverdreher sollte für den Tod seiner Lieblingsschwester und ihres italienischen Freundes büßen. In erster Linie aber suchte Robert Weihermann mit der Liquidation des teuflischen Winkeladvokaten Niklaus und Eva vor weiterem Unheil zu bewahren.

Der Töpfermeister grübelte über endgültige Mittel und finale Wege nach. Er verwarf die meisten seiner mörderischen Szenarien, ohne deren Inszenierung konkretisiert zu haben.

Sollte er Adam Füssli in der ›hohlen Mäz‹ am Schlossberg auflauern, wie einst Wilhelm Tell dem Gessler in der hohlen Gasse? Musste ein Gerichtspräsident im noblen Eigenheim an der Goldküste sein schillerndes Leben lassen? Oder eignete sich allenfalls das rekonstruierte Chalet im Saanenland als Richtstätte?

Er überlege und überlegte. Dann fand er die Lösung: Die Sorgen würden mit Adam Füssli im See versinken.

Die gemeinsame Mitgliedschaft im Ruderclub sollte sich dabei als Vorteil erweisen. Robert Weihermann konsultierte das Fahrtenbuch. Leicht fand er heraus, an welchem Wochentag und zu welcher Tageszeit Adam Füssli sein Training in der Regel absolviert hat. Mittwochabend zwischen 19 und 21 Uhr hatte der Gerichtspräsident fix einen Skiff reserviert.

Robert Weihermann trug seinen Nachnamen in die leere Zeile unter die Reservation für die kommende Woche.

Erst zu Hause meldeten sich Zweifel. Würde Adam Füssli überhaupt ertrinken, nachdem sein Boot gekentert war? Vielleicht konnte sich das Opfer am Rumpf festhalten? Musste der Gegner darum unter Wasser gedrückt werden, bis er keinen Widerstand mehr leistete? Welcher der beiden Kontrahenten würde die größere Ausdauer beweisen? Auf welcher Seite konnten die letzten Reserven des entscheidenden Lebens- oder Überlebenswillens mobilisiert werden?

Robert Weihermann gelangte zur Überzeugung, dass er Adam Füssli töten musste, bevor er ihn samt Kahn würde absaufen lassen.

Sollte er ihm dazu ein Ruder über den Schädel schlagen? Skull on skull, sozusagen? Die beiden Ruder lagen in den Dollen, deren Überbügel mit Rändselschrauben fixiert waren. Würde es Robert Weihermann gelingen, diese vorgängig zu lösen?

Da erinnerte sich Robert Weihermann an das alte

Schießeisen in der Töpferei. Die Ordonanzwaffe stammte aus dem Besitz eines Onkels, der als Offizier in der Schweizer Armee gedient hatte. Es handelte sich um eine der drei Pistolen, die vor Jahren beim Drama im Gwattlischenmoos abgefeuert wurden. Nach Abschluss der Untersuchung wurden die Waffen dem Bruder der Toten ausgehändigt, Robert Weihermann. Damit plante er jetzt, Adam Füssli als den eigentlich Schuldigen zu durchsieben. Seine perforierte Leiche würde umso leichter auf den Seegrund sinken. Wer konnte dann noch beweisen, dass der Gerichtspräsident nicht bloß Opfer eines tragischen Ruderunfalls geworden war?

Am frühen Mittwochnachmittag entnahm Robert Weihermann die SIC dem hellbraunen Lederholster, setzte das Magazin mit acht Teilmantelgeschossen ein und wickelte beides in ein graues Frottiertuch. Zusätzlich versteckte er das schwere Bündel in einem bedruckten Plastiksack. Dann machte sich der entschlossene Töpfer auf, sein Urteil zu vollstrecken. Auf kürzestem Weg begab er sich in die Nähe des Clubhauses und wartete im Gebüsch eines benachbarten Gartens auf den Gerichtspräsidenten.

Das Opfer erschien pünktlich. Nichts ahnend, hievte er ein Boot aus dem Lager, bugsierte es ins Wasser, stieg ein und ließ sich ein paar 100 Meter flussabwärts treiben. Danach stemmte sich der Ruderer in die Riemen, skullte gegen den Strom und umfuhr die Kleistinsel.

Sobald der Richter aus Robert Weihermanns Blickfeld entschwunden war, holte auch er ein Skiff.

Adam Füssli befand sich vor Hünibach, als Robert Weihermann das offene Gewässer erreichte. Nach jeder Rollbewegung setzte er die Blätter kraftvoll ins Wasser. Da er logischerweise rückwärts ruderte, konnte er schwer einschätzen, ob er von seinem Opfer bereits bemerkt worden war.

Robert Weihermann sah vor, sein Opfer im Raum Balmholz zu richten. Dort war das Ufer nur dünn besiedelt und die Staatsstrasse hoch oben in der Fluh hinter Tannen verborgen. Das letzte Linienschiff strebte dem Heimathafen zu. Schwer mit Kies beladen, querte ein plumpes Legischiff den See. Vor dem Dörfchen Gunten demonstrierte ein Surfer seine Hartnäckigkeit, indem er ebenso oft das Board erkletterte, wie er zuvor ins kalte Nass geplumpst war. Ob er sich vom Pistolenknall würde ablenken lassen? Der Schuss würde zweifellos weithin hörbar sein. Schallwellen verbreiten sich bekanntlich fast ungehindert über die Wasseroberfläche.

Noch kreuzte im oberen Seebecken ein Segelschiff hart am Wind. Bis die beiden Ruderer dort angelangt waren, hatte sich die Jolle möglicherweise verzogen. Weihermann hoffte, dass auf dem störenden Schiff im entscheidenden Moment das Großsegel knatterte, die Takelage lärmte und der Baum im Lümmellager quietschte.

Robert Weihermann behielt die Szenerie aufmerksam im Auge und setzte seine diskrete Verfolgung zielstrebig fort. Der Abstand zwischen den beiden Gegnern verringerte sich zusehends.

Adam Füssli musste das herannahende Ruderboot inzwischen aufgefallen sein. Er hob zwei asymmetrische Big-Blades aus dem Wasser, ließ den Kahn ausgleiten und streckte den Rücken durch. Hier setzte der Richter für gewöhnlich den Wendepunkt seiner Spritzfahrt. Heute würde dieser zur Richtstätte.

Robert Weihermann beschleunigte seine Fahrt. Als er sich bis auf zehn Meter angenähert hatte, wandte er sich an den schwitzenden Füssli und erhob seine Stimme: »Hallo, Schweißfüssli, ich bringe dir was!«

»Robert, du?«, wunderte sich der Beleidigte. »Was denn?«

Weihermann zückte die Pistole, die er zuvor verdeckt aus Plastik und Tuch gewickelt hatte, und antwortete: »Den Tod, bring ich dir, Adam. Den Tod!«

Danach ging's schnell. Adam Füssli machte zwar erst den Anschein, als wollte er darauf etwas erwidern. Dazu blieb ihm jedoch keine Zeit mehr. Robert Weihermann hatte bereits eine Ladebewegung gemacht.

Ein Schuss peitschte über das Wasser. Der Schütze geriet ob dem Rückstoß der Waffe derart ins Schwanken, dass er um ein Haar selbst über Bord gegangen wäre. Das Geschoss verfehlte sein Ziel. Die zweite Kugel hingegen riss Adam Füssli glatt den Unterkiefer weg. In einer roten Fontäne flog das Teil horizontal über die Wasseroberfläche und hinterließ ein ungläubig glotzendes Augenpaar in einer halbierten Fratze. Danach kippte Füssli zur Seite und kenterte.

Robert Weihermann vollendete die Tat mechanisch wie ein geistloser Roboter. Der Töpfer war zum Köpfer geworden. Er warf die SIC in den See, paddelte parallel zu Füsslis Skiff und wurde gerade noch gewahr, wie die Leiche mit weit ausgreifenden Extremitäten in die Tiefe sank. Dort sollte sie inmitten degenerierter Felchen und rostender Munitionsdeponien der Schweizer Armee verrotten.

Prüfend blickte der Täter um sich. Musste er sich um unliebsame Zeugen sorgen? Wo blieben die Segler? Was tat der Surfer? Fand das Morden eine Fortsetzung?

Ohne sich weiter um Füsslis herrenloses Boot zu kümmern, ruderte Robert Weihermann los. Je weiter er sich vom Tatort entfernt hatte, desto heftiger legte er sich in die Riemen. Föhn kam auf und peitschte ihm Wasserspritzer ins Gesicht. Der Rächer kämpfte gegen die Böen, die Wellen und das schlechte Gewissen. Wider Erwarten empfand er keine Genugtuung.

In Robert Weihermanns Ohren hallte abermalig der Pistolenknall. Die eine Gewissheit vermochte er nicht mehr zu übertönen: Jetzt ist es passiert!

ENDE

JETZT FAHR'N WIR ÜBER'N SEE

(Böhmisches Volkslied aus der Zeit Heinrich von Kleists, Autor unbekannt)

Jetzt fahr'n wir über 'n See, über'n See,
jetzt fahr'n wir über 'n …
Jetzt fahr'n wir über 'n See, über 'n See,
jetzt fahr'n wir über 'n See.
Mit einer hölzern Wurzel, Wurzel, Wurzel, Wurzel,
mit einer hölzern Wurzel,
ein Ruder war nicht …
Mit einer hölzern Wurzel, Wurzel, Wurzel, Wurzel,
mit einer hölzern Wurzel,
ein Ruder war nicht dran.

Und als wir drüben war'n, drüben war'n,
und als wir drüben …
Und als wir drüben war'n, drüben war'n
und als wir drüben war'n,
Da sangen alle Vöglein, Vöglein, Vöglein, Vöglein,
da sangen alle Vöglein,
der helle Tag brach …
Da sangen alle Vöglein, Vöglein, Vöglein, Vöglein,
da sangen alle Vöglein,
der helle Tag brach an.

Der Jäger blies ins Horn, blies ins Horn,
der Jäger blies ins …
Der Jäger blies ins Horn, blies ins Horn,
der Jäger blies ins Horn.
Da bliesen alle Jäger, Jäger, Jäger, Jäger,
da bliesen alle Jäger,
ein jeder in sein …
Da bliesen alle Jäger, Jäger, Jäger, Jäger,
da bliesen alle Jäger,
ein jeder in sein Horn.

Das Liedlein, das ist aus, das ist aus,
das Liedlein das ist …
Das Liedlein, das ist aus, das ist aus,
das Liedlein das ist aus.
Und wer das Lied nicht singen kann,
singen, singen, singen kann,
und wer das Lied nicht singen kann,
der fang's von vorne …
Und wer das Lied nicht singen kann,
singen, singen, singen kann,
und wer das Lied nicht singen kann,
der fang's von vorne an.

GLOSSAR

anmächelig	appetitlich, ansehnlich
auskäsen	aushandeln
Billett	Fahrkarte
Bise	kalter Nord-Ostwind
bis anhin	bis jetzt
Burehus	Bauernhaus
Chäsplättli	Käseplatte
Chrutmuster	Krautmuster
Fünfliber	Münze zum Nennwert von fünf Schweizer Franken
Garçon (frz. = Knabe)	gebräuchliche Bezeichnung für einen Kellner
Kondukteur	Schaffner
in die Kränze kommen	infrage kommen
Ländte	Landungssteg
Laube	Balkon
Majolika	Keramik
Matur	Abitur
mutz	kurzangebunden, wortkarg
Perron	Bahnsteig
Ponton	Weidling
rateburgern	rätseln
Robidog	Behälter für Hundekot

Schnure	Schnauze, Mundwerk
schnöden	stänkern
Schroterei	Polizei (abwertend)
seckle	rennen
Skiff	Ruderregattaboot
Skull	Ruder, Schädel
sperbern	scharf blicken, äugen
stober	undefiniert, undeutlich
Tablar	Gestellbrett
Trottinett	Tretroller
Tschingg	Schimpfwort für einen Italiener

Weitere Krimis finden Sie auf den folgenden Seiten und im Internet:
www.gmeiner-verlag.de

Alle Gmeiner-Autoren und ihre Romane auf einen Blick

MAINKA, MARTINA: Satanszeichen **MISKO, MONA**: Winzertochter • Kindsblut **MORF, ISABEL**: Satzfetzen • Schrottreif **MOTHWURF, ONO**: Werbevoodoo • Taubendreck **MUCHA, MARTIN**: Seelenschacher • Papierkrieg **NAUMANN, STEPHAN**: Das Werk der Bücher **NEEB, URSULA**: Madame empfängt **ÖHRI, ARMIN / TSCHIRKY, VANESSA**: Sinfonie des Todes **OSWALD, SUSANNE**: Liebe wie gemalt **OTT, PAUL**: Bodensee-Blues **PARADEISER, PETER**: Himmelreich und Höllental **PARK, KAROLIN**: Stilettoholic **PELTE, REINHARD**: Inselbeichte • Kielwasser • Inselkoller **PFLUG, HARALD**: Tschoklet **PITTLER, ANDREAS**: Mischpoche **PORATH, SILKE / BRAUN, ANDREAS**: Klostergeist **PORATH, SILKE**: Nicht ohne meinen Mops **PUHLFÜRST, CLAUDIA**: Dunkelhaft • Eiseskälte • Leichenstarre **PUNDT, HARDY**: Friesenwut • Deichbruch **PUSCHMANN, DOROTHEA**: Zwickmühle **ROSSBACHER, CLAUDIA**: Steirerblut **RUSCH, HANS-JÜRGEN**: Neptunopfer • Gegenwende **SCHAEWEN, OLIVER VON**: Räuberblut • Schillerhöhe **SCHMID, CLAUDIA**: Die brennenden Lettern **SCHMITZ, INGRID**: Mordsdeal • Sündenfälle **SCHMÖE, FRIEDERIKE**: Lasst uns froh und grausig sein • Wasdunkelbleibt • Wernievergibt • Wieweitdugehst • Bisduvergisst • Fliehganzleis • Schweigfeinstill • Spinnefeind • Pfeilgift • Januskopf • Schockstarre • Käfersterben • Fratzenmond • Kirchweihmord • Maskenspiel **SCHNEIDER, BERNWARD**: Flammenteufel • Spittelmarkt **SCHNEIDER, HARALD**: Räuberbier • Wassergeld • Erfindergeist • Schwarzkittel • Ernteopfer **SCHNYDER, MARIJKE**: Matrjoschka-Jagd **SCHÖTTLE, RUPERT**: Damenschneider **SCHRÖDER, ANGELIKA**: Mordsgier • Mordswut • Mordsliebe **SCHÜTZ, ERICH**: Doktormacher-Mafia • Bombenbrut • Judengold **SCHUKER, KLAUS**: Brudernacht **SCHULZE, GINA**: Sintflut **SCHWAB, ELKE**: Angstfalle • Großeinsatz **SCHWARZ, MAREN**: Zwiespalt • Maienfrost • Dämonenspiel • Grabeskälte **SENF, JOCHEN**: Kindswut • Knochenspiel • Nichtwisser **SPATZ, WILLIBALD**: Alpenkasper • Alpenlust • Alpendöner **STAMMKÖTTER, ANDREAS**: Messewalzer **STEINHAUER, FRANZISKA**: Sturm über Branitz • Spielwiese • Gurkensaat • Wortlos • Menschenfänger • Narrenspiel • Seelenqual • Racheakt **STRENG, WILDIS**: Ohrenzeugen **SYLVESTER, CHRISTINE**: Sachsen-Sushi **SZRAMA, BETTINA**: Die Hure und der Meisterdieb • Die Konkubine des Mörders • Die Giftmischerin **THIEL, SEBASTIAN**: Die Hexe vom Niederrhein **THADEWALDT, ASTRID / BAUER, CARSTEN**: Blutblume • Kreuzkönig **THÖMMES, GÜNTHER**: Malz und Totschlag • Der Fluch des Bierzauberers • Das Erbe des Bierzauberers • Der Bierzauberer **TRAMITZ, CHRISTIANE**: Himmelsspitz **ULLRICH, SONJA**: Fummelbunker • Teppichporsche **VALDORF, LEO**: Großstadtsumpf **VERTACNIK, HANS-PETER**: Ultimo • Abfangjäger **WARK, PETER**: Epizentrum • Ballonglühen • Albtraum **WERNLI, TAMARA**: Blind Date mit Folgen **WICKENHÄUSER, RUBEN PHILLIP**: Die Magie des Falken • Die Seele des Wolfes **WILKENLOH, WIMMER**: Eidernebel • Poppenspäl • Feuermal • Hätschelkind **WÖLM, DIETER**: Mainfall **WYSS, VERENA**: Blutrunen • Todesformel **ZANDER, WOLFGANG**: Hundeleben

GMEINER

Wir machen's spannend